U0572535

知行丛书

创造性的人

刘畅 著

——20世纪上半期中国社会的创造观念

武汉大学出版社

WUHAN UNIVERSITY PRESS

图书在版编目（CIP）数据

创造性的人:20世纪上半期中国社会的创造观念/刘畅著.—武汉:
武汉大学出版社,2023.10
知行丛书
ISBN 978-7-307-23922-7

Ⅰ.创…　Ⅱ.刘…　Ⅲ.社会阶层—研究—中国　Ⅳ.D663

中国国家版本馆 CIP 数据核字(2023)第 153521 号

责任编辑:李　琼　　责任校对:汪欣怡　　版式设计:马　佳

出版发行:**武汉大学出版社**　(430072　武昌　珞珈山)
　　　　　(电子邮箱:cbs22@ whu.edu.cn　网址:www.wdp.com.cn)
印刷:武汉邮科印务有限公司
开本:720×1000　1/16　印张:12.5　字数:179 千字　插页:1
版次:2023 年 10 月第 1 版　　2023 年 10 月第 1 次印刷
ISBN 978-7-307-23922-7　　定价:48.00 元

版权所有,不得翻印;凡购我社的图书,如有质量问题,请与当地图书销售部门联系调换。

目　　录

第一章 个人主义与创造观念的兴起

本书通过考察中国近代社会创造性观念的兴起与发展，分析个人主义的思想观念与中国社会变迁之间的关系，探讨关于个体与人性的认知与社会结构变动之间的相互关联。新文化运动前后是中国社会结构剧烈转型的时代，也是"个人崛起"，同时各种思潮共存冲突的多元时代。创造性观念在新文化运动期间受到广泛的关注和倡导（高瑞泉，1999；刘仲林，2002），"创造性的人"提出了新的关于人性的理解与主张，其中具有显著的个人主义意涵。本书力图从社会结构变动的角度探究这一主张的内涵、作用与性质，通过人性观增进对中国社会现代化特点的理解。

关于人的理解和界定构成理解社会秩序的基础，也是社会科学探讨社会现象与问题的出发点（翟学伟，2017：37；熊易寒，2017：43）。尽管人性观在现代社会生活中往往作为潜在的预设而习焉不察，但是哲学、管理学、心理学揭示了人性观作为个体行为与社会活动的基本前提，发挥着举足轻重的作用。西方社会学认为，社会存在的可能性正是通过其自身塑造出来的主体化形式而展开（涂尔干，2006；布尔迪厄，2003），因而个人性即社会性（布尔迪厄、华康德，2015：246）。这一点对于中国社会来说尤为显著，也格外重要，因为传统社会治理之道重视个体修身、自我塑造的方式，认为良好的政治与社会是从有价值自觉的个人推扩出来而形成的（林毓生，1986；沟口雄三，1991；甘阳、姚中秋等，2016）。关于个体的阐释和塑造，成为理解中国社会治理和社会秩序的基础环节。进而，中国社会学力图重新恢复和促进"人的研究"（费孝通，2003），探讨中国社会对于个体人性的认知和观念（Views of the human being），也是社会学自身发展

1

的一项重要工作。

20世纪上半期包括个人主义在内的各种思潮兴衰起伏，人性观念的变动意味着什么？历史学者指出，在思想传统相对稳定的时代，"人"是一个非常确定的概念，没有人质疑"人"是什么、"人生"是什么，凡是到了重新定义"人"的时候，往往是思想产生重大变化之时（王汎森，2018：43-60）。而从社会学的角度来看，个体认知方式的变化与社会结构、社会秩序的某种变动相关联。莫斯讨论了人的观念的演变，"自我"概念在不同地方、不同时期具有不同表现形式；对人的认识是在某些特定的人与人互相依赖的形式和社会联系中形成的（埃利亚斯，2009，莫斯，2014：394）。同时，心智结构与社会结构具有结构性的关联，并彼此强化，两者间达成的对应关系为社会支配提供了坚实的支撑（布尔迪厄、华康德，2015：13）。因此，关于个人理解的变化是社会结构变化的一个特殊方面，人性阐释的变化并非仅源于哲学思想领域本身的发展演变，也是解读社会变动的有效途径。与质疑和打破"政治人""经济人"等人性假定带来的局限同等重要的是，理解各种关于人性的阐释或预设在社会变迁中何以产生、何以变动。

本书将五四时期的创造观念作为富有个人主义涵义的人性阐释，通过其内涵、宗旨及性质的分析，解读中国社会现代化的脉络和特点。西方社会在步入现代社会以后个体生活发生巨大变化，个人主义日益上升是其中的重要趋势之一。而中国的现代化在外来冲击下被认为以"刺激-反应"为主要形态，作为个体的转型，能动的主体和个人主义趋势较之于结构变动的自然结果和实践逻辑，更多地被视为西潮影响下的精英阶层的话语主张。启蒙思想家主张改造个人，推动个体从"新民"向"新人"转型，个人的觉醒也是五四时期知识精英所阐扬的最重要的思想主题。自谭嗣同、梁启超以后到1923年，个体主义成为中国思想界的主要倾向（余英时，2011：207；许纪霖，2011：214；杨国强，2016；杨念群：5）。精英群体力求通过"国民性改造"而实现"人的现代化"，在中国传统与西方思潮的融合撞击下，提出对个人的丰富的理解与想象（顾红亮、刘晓虹，2006，周昌龙，

2011；许纪霖，2011）。也就是说，较之于机械团结到有机团结、礼俗社会到法理社会等转变在个体层面上的表现，或从个体的依附链条向更广泛社会群体逐渐扩展（埃利亚斯，2009）、社会制度促成的个体化（贝克，2011）等社会结构变迁的结果，中国社会的个人主义话语在这一时期主要是由精英群体面向大众所进行的启蒙和动员，个体塑造先行于社会结构变动并被寄望启动变革。这提示中国社会的个人主义与社会变动之间可能有着不同的关联，从个人主义的人性观念入手，可以探寻文化精英如何面向民众构想和推动中国社会的现代化。

本书将侧重于个体人性阐释的社会作用，并不关注对人性实质的本体论探究。个人主义思潮主张个体的价值和平等自由，力图批判传统社会规范的诸多羁绊，对人性本身特质的表述并非其重点。作为新文化运动的重要思潮之一，有关创造力、创造性的观念倡导中，关于"人"的论述和阐释相对丰富详细，而且同样以个体价值、平等自由、自我实现为宗旨，构成个人主义人性观念的重要表述。本书通过创造观念的考察，探寻中国社会早期现代化过程中，具有个人主义色彩的个体认知话语与社会结构变动之间的关联，尤其是与现代共同体形成以及阶层变革的关系。研究的焦点在于探究在新文化运动时期"创造性的人"这一人性主张何以兴起？其中对个性解放和个人独立之倡导，旨在促进社会怎样的变革、包含何种秩序设想？作为一种个人主义的人性阐释，它与现代共同体的形成是何种关系？与阶层关系变动有何关联？

关于现代共同体，在差序格局、伦理社会、"关系主义"的基础之上，"创造性的人"的阐释如何设计和推动形成新的社会秩序？个人主义兴起与现代国家认同是什么样的关系，又如何处理个人主体与关系主体的关系？这一分析有助于理解中国社会曾经如何塑造现代国家的认同，如何构想现代社会组织的构成原理。作为"想象的共同体"，西方现代国家的认同是宗教神圣权威衰落后，在技术进步、工业文明等条件下个体形成的新的情感寄寓和身份归属，是从圣到俗的转化；而中国社会的现代国家推动个体从家族、宗族的"祖荫下"走向政治共同体，是从家到国的过程。那么在"家国同构"的历史传统背景下，中国现代国家的"共同体想象力"具有何种特点？为此，本书分析"创造性的人"动员和塑造何种政治主体，怎样塑造现代国家共同体的认同，如何设计群体秩序。

关于阶层结构变动，作为个人主义和创造观念的积极推动者，知识分子何以将这些主张作为推动中国社会改造的一项现代化方案？这与他们在社会变革中的位置及自我认同有何种关联？关于创造性、创造力的倡导建构与阶层关系的变动有怎样的关系？进而，作为全球化背景下文化观念的传播，创造观念对于现代国家的意义是其公共性涵义，对于阶层变动中各种社会力量的竞争或联盟来说则具有资本性涵义。那么，公共性涵义与资本性涵义如何相互关联？创造性、创造力观念在 20 世纪上半期盛极一时便转向衰落，按照布尔迪厄的理论视角来看，这是一项未被制度化也未能身体化的文化资本，何以如此？本书关注阶层结构中的倡导者，在全球化背景下分析中国社会创造观念与阶层变动的关联，可以把握这一观念作为文化行动的性质及其传播形态，也有助于揭示文化的公共性与资本性之间的关系。

以往有关新文化运动时期"西潮"的论述，着重于辨析其西方来源及其与中国文化传统的关系，主要从中西文化碰撞、现代-传统、启蒙-救亡等方面的张力论述文化思潮的兴衰演变。本书关注其中人性阐释与理想人格特质阐释的更新，从社会结构变动的视角考察"创造性的人"这一富有个人主义特点的人性阐释和个体观念，分析这些表述试图建构何种社会关系或社会秩序，以此透视中国社会现代化过程中主体建构与社会结构变动之间如何交织互涉。改革开放以后个人主义的兴起以及公共性的重构成为当代社会学所关注的问题之一。本研究分析 20 世纪上半期"创造性的人"以及个人主义立场的人性主张，不仅可以通过这一时期的个体重构与秩序重构，从新的视角把握中国社会步入现代化之初的脉络与特质，还可以加深对中国社会的群己关系、现代共同体的形成与关系社会、社会阶层结构与文化秩序等重要问题的理解。

一、20 世纪上半期中国个人主义的崛起

转型时代指 1895—1925 年初前后大约 30 年的时间，20 世纪上半期是中国思想文化由传统过渡到现代、承前启后的关键时代。五四新文化运动前后倡导"人的重建"，在中国历史上首次确立以人为出发点和最终价值尺度的价值观念（杨念群，2019：213；袁洪亮，2016）。以个人本位取代家族本位，强调人的生命、价值、尊严，倡导个人的平等、自由、独立。其中对中国人理想生存模式的建构重视个体的生存、发展，推崇个性，相应地，道德的标准也在于是否有利于人的生存和发展、能否给人带来利益和幸福。这一阶段人性主张的特点是生命至上、自我意识觉醒，人生的主要目的在于自我之生存与进步，人生的价值在于发挥自我的潜能。如李大钊"皆在其人之应其本分而发挥其天能与否"；胡适强调真正人的生活"须使各人自己充分发展"。而本研究所关注的"创造性的人"正是重视个体价值、推崇平等与独立、鼓励发展个性与实现潜能的人性主张，体现了 20 世纪上半期个人主义思潮的特点。个人主义何以在这个时代崛起，又为中国社会带来了什么？

（一）个人主义思潮兴起的动因

在中国传统文化里，儒家、道家、佛家思想中都有"个人"或"自我"的观念。中国个人主义和西方个人主义，相同的是肯定个人自由和解放的价值，不同点是西方以个人为本位，中国却在群体与个体的界限上考虑自由的问题（余英时，2011：198）。五四时期，个性解放、个人自主是思想界的共同关怀，出现了重视理智、情感和意志三种不同的个人主义形态（周昌龙，2011）。以胡适为代表的理性型个人主义，注重心智成熟、独立思考、充分运用自己的理性；以周作人为代表的情感型个人主义注重调节天理与人欲的对立，通过艺术获得自信和尊严；以鲁迅为代表的意志型个人主义注重发挥个人的精神意志和创造力。五四思想家强调的个人是"个性

的个人""人格的个人",注重自我的解放和个性的自由发展(周昌龙,2011);但"大我"和"小我"之间的关系仍旧是模糊的,现代中国知识分子往复于集体与个体的两极(余英时,2011)。中国思想史中一直将小我(个人)的价值放在大我的意义框架中进行理解,而从近代到当代,随着大我的演变、异化和逐步解体,最终小我(个人)失去了大我的规约,变异为唯我式的个人主义(许纪霖,2011)。

对于这一个人主义思潮兴起的思想脉络,外因论指出,19世纪末以来,西方哲学转向感性世界强调个体人的生命感受,人本主义思潮崛起,以个性主义为特征,重视个体人、回归人性(袁洪亮,2016)。而"走向世界的新中国"成为近代中国的主流趋势,与外部世界的关联日益密切,思想界和整个社会亦形成了尊西崇新的潮流,五四前后的反传统一定程度上便是以西方文化为本位,试图破坏和取代固有文化观念的结果(罗志田,2014)。内因论则认为五四新文化运动仍旧延续了儒家社会思想"以思想文化解决问题"(林毓生,1986)的思路,用处理文化的方式应对政治问题,以个体修身为途径,试图通过道德完善促成政治秩序的变革。此外,传统文化的承继还表现在以道德教化手段和舆论干预的方式支配大众心理,期待由此引发社会变革,这种将思想与行动关联的观念模式具有"心理主义"的认知和行动取向,与心学有关;而其中"科学主义"的功利态度则与考据学传统有关(杨念群,2019:12)。

对个体的关注旨在通过个体改造寻求国家与社会的变革。不论改良主义者还是激进主义者,包括后来的共产主义者,对当时中国社会的各种思潮与主张根本目的是相通的,其着眼点都在再造社会(罗志田,2014:34)。有学者认为五四时期个人主义成为思想热潮,在于其鼓动个人优先于集体,鼓励青年冲出家庭获得自我解放,这符合青年个体摆脱传统秩序规范控制的强烈欲望。其宗旨是力图使中国人的社会观念由伦理本位变为个人本位,如陈独秀阐述的那样,以个人本位主义易家族本位主义(杨念群,2019:261;袁洪亮,2016:223)。民初政治批判开启五四思想论争序幕,中国改良者在上层政治的改良之外,积极寻求从底层入手促成民众日常生活改善。早期社会主义者也把目光投向基层社会，寻究新的变革道路（杨念群，2019）。同时，日本国民性改造运动的成功实践也为中国带来启发——国民智与德的提高是国家进步的前提，必须培养具有近代性质的社会心理，养成独立、自主、进取的新型行为方式。因此，对人的问题的认识以国民性改造的讨论为核心，是在民族主义、国家主义思想下寻求国民的自觉与自强。

五四时代人生问题引起激烈讨论，也是传统价值秩序、意义体系衰落后，人们尝试重建生命意义的过程（王汎森，2011；张灏，2016）。传统政治秩序动摇崩溃牵连导致文化危机，基本宇宙观与价值观动摇，造成个体基本文化取向的失落与迷茫。张灏论述此时儒家基本道德价值与社会价值取向出现解纽，即大多数五四知识分子仍旧受儒家德性伦理影响，追求圣贤君子的人格理想与天下国家的社会理想，这两组理想的形式尚存，但儒家对理想所做的实质定义已经动摇且失去吸引力。胡适倡导的易卜生式的个人主义受到关注，人格理想在西方个人主义"小我"与传统的"大我"主义之间，而非儒家圣贤君子；社会的理想转向民族国家观念而非天下国家。虽与传统修身目标不同，但均继承了儒家的修身理念。在转型时期，儒家德性伦理的基本模式仍旧发挥影响，但其中的实质内容已经发生转换。面对传统道德规范受到质疑而现代"国家""社会"观念崛起，"新人"对自我完善、理想人格的追求，促使青年们追问应该如何认知自我与世界、应该追求何种价值。

（二）个人主义思潮的衰落与影响

五四新文化运动以后个人主义思潮逐渐式微并被集体主义取代。李泽厚（2003）认为是由于"救亡大于启蒙"，即民族主义式的救亡理念和社会改造运动压抑了个人解放的顺利实现，并最终导致五四启蒙运动的自我瓦解。杨念群（2019：6）批评这一观点把个人觉醒与社会改造运动对立起来，论述世界局势对新文化运动走势的影响固然重要，但"团体主义"与社会主义后来高于个人主义，关键在于其核心理念与中国传统思维中"公大于私"

的观念有更为强烈的对应共鸣。五四的群体主义不仅来自民族主义，也来自以社会为本位、以有机体为模式的集体主义心态，从康谭大同主义到五四无政府主义、社会主义，都含有这种集体主义心态。因此，五四以后团体主义取代个人主义是内外混合发生作用的结果，不仅有国际因素、政治形势的影响，青年对中国传统思维模式的继承也是重要的原因（杨念群，2019：264；张灏，2016：191）。

还有研究（杨念群，2019；袁洪亮，2016）指出作为个人主义思潮推动者、转型时期知识分子的局限性。如个人主义衰落的原因在于五四新文化运动局限于精神层面的改造，忽视经济基础和社会组织结构的改造，严重低估了制度建设的复杂性；上层统治者和知识阶层作为启蒙者，将广大民众视为被改造的对象，忽视其主体性而变成一种精英改造模式；受西化教育较多的知识分子缺乏实质性的力行方案和具体组织能力，对中国平民复杂状况无知、轻视，无法重新划定群己、公私的界限，把中国传统基层组织转化为符合现代标准自治团体的尝试归于失败；而此后的无产阶级知识分子不信任欧美近代文明，所建构的崭新国民形象是以社会主义的集体主义价值观为基本社会取向，体现团结、互助的社会主义道德意识。这些论述批评知识分子与民众之间的隔膜、知识分子对中国现实经济与制度的轻视，同时也指出个人主义思潮中知识分子的重要角色，间接证实这是一项由知识分子主导的社会秩序重建工程。

此外，个人主义思潮衰落还由于相适应的社会纽带尚未形成。五四青年简单认为只要个人走出家族的笼罩和控制就会获得彻底解放，然而前方却并没有一个预先准备的"新社会"张开怀抱接纳他们。游离散落在旧伦理网络之外的青年渴望进入新的社会关系，但社会尚未形成成熟的群体组织，个人主义缺乏社会的接纳与支持，往往造成具有现代人格特点的个体陷入孤独感和挫败感（杭苏红，2015；王东杰，2008；杨念群，2019；杨兴梅，2000）。与之相对照，在旧有社会关系基础上建构的团体组织实现了有力的成长壮大，并进而参与到社会生活之中发挥作用。如五四时期的边缘知识群体在边缘地区集聚起了力量，毛泽东发掘地方历史传统，以个人网络的联系为基础，超越个体层面进入高度组织的程序之门，个体受到超越个人之上的戒律和理想目标的强力约束，凝聚起知识团体和组织社会动员的基本资源(杨念群，2019)。而技术工人、码头工人等各类工人群体通过血缘、地缘团结起来，进而参与和影响了政治的进程(裴宜理，2001)。

不过，即便个人主义走向衰落，它仍强烈影响着中国社会此后的发展以及革命话语的形成。在个人主义思潮的推动下，很多青年个体进入学校、工厂等新型团体，寻求建立友情、浪漫爱情等纯粹关系；虽然曾因尚未形成充分的社会团体和职业组织而导致个体陷入困惑迷茫；但培养了现代人格特点的青年个体最终走向国家、成为革命主体和国家公民(王汎森，2011；张乐天，2017)。早期个人主义的自我建构强调不受各种规范约束，而经过新文化运动及社会主义思潮的洗礼，"理想青年""新人"追求个体解放平等的"新社会"，希望靠组织、纪律的力量实现这一理想，走向一种更强的集体性和团体生活，以社会奉献作为自我完善的目标(王汎森，2011：237-257)。相应地，宣扬个人解放的特征是个人主义与群体意识相生相伴(张灏，2016：191)。即个人从传统束缚中解放出来，同时融化于以感情联系为基础的大同社会。如梁启超倡导个人从传统共同体转而进入民族国家；陈独秀、胡适主张的个人主义中包含着浓厚的社会意识，认为个人价值源于社会；李大钊与郭沫若主张个人解放的目的在于建立全新的生命共同体(张灏，2016：244)。对个人解放的赞歌促成对团结合作的呼吁，个体一方面摆脱传统的桎梏，另一方面被推动进入无私无我的"人类共同体"，所最终塑造的无产阶级新人特征，便是个性解放与大同团结相统一的现代人。

(三) 个人主义思潮与知识分子的社会改造

个人主义思潮与社会改造方案紧密关联。五四除了是一场知识精英推动的"思想运动"之外，也是影响深远的"社会改造"运动(杨念群，2019)。基于对清末民初政治改革失败的反思，产生了在国家改造之外进行社会变革的观念，以及社会范畴大于政治范畴的观念。即认为政治的基础在于社会，政治的衰败不振源于社会的堕落坏朽，要实现健全的政治，必须在社会领域有所作为，社会治理乃是政治振兴的根基所在（杨念群，2019）。中国早期社会学的成立和发展中也显示出这样的认知模式，很多民国时期的社会学家对于社会的阐释在于"风俗""民情""风尚"，认为其重要意义就在于社会才是国家政治的基础（闻翔，2019）。正是自下而上的社会认知与变革思路，使得五四前后出现了特别重视社会和个人的倾向。面对强势然而乏力的国家，知识分子在民间失序的背景下试图重建一个更健康也更有活力的社会（罗志田，2014）。相应地，在与社会改造的关联中分析这一时期的个人主义思潮是极为重要的。

　　社会改造运动在如何面对传统乡村治理结构网络时态度各异，梁启超期待依赖地方士绅完成政治改革，以先伸绅权作为兴民权的基础，借助乡土组织推动个体从家庭、宗族、村庄走向现代国家；吴稚晖主张在国家制度安排和传统基层社会资源之外建立"社会组织"，作为新的人性成长的基点，如各种劳工组织、劳工学校和自治团体等（杨念群，2019）。同时，在社会改造的视域里，家庭成为阻碍国家民族发展的负面象征，被视为其成员救国兴邦的桎梏（罗志田，2014）。辛亥以后，社会革命一度成为家庭革命的同义词，家族、宗族、士绅成为被扫除的对象。

　　社会改造与废除科举后面临身份危机的士绅皆有关联（罗志田，2014：286）。传统帝国的治理体系包括上层的行政化与下层的自治格局。中国乡土文化的重要特点是"士绅阶层"散布于地方社会，成为基层建设的主导力量。宋代程颐、程颢指出乡民即为社会，"社会"原意为祭神而举行的集会或集合。费孝通也论述社会的涵义主要在于以地方精英统率乡民，维系一种基层秩序。在从帝制转向共和、从农业转向工商业的过程中，曾处于"士农工商"四民社会顶端的士绅阶层逐渐退出，一般民众的政治和社会参与也并未常态化，新的官僚制度和机构也不足以连接日渐对立的国家和人民（罗志田，2014：300）。乡间逐渐走向失序状态，官与民也处于直接对立的状态，而民从观念到行为全然被动，社会渐呈有国无民之象（罗志田，

2014：297-298）。士绅原本在国家与社会、官与民之间起着承上启下的作用，而五四时期的知识分子转向批判家庭并轻视乡村的文化基础，阻断乡村文化再生渠道（杨念群，2019：30）。对于社会改造主导者的知识分子来说，个人主义思潮扮演何种角色、被期待发挥怎样的作用？

五四新文化运动时期的主题从政治关怀向文化问题迁移，最后向社会问题移动。在此过程中，不同的群体交替掌控——起初为反清元老、最早一批国家主义者，此后是经过科学化训练、学院派风格的欧美留学群体，接下来是无政府主义者，无政府主义者致力于日常生活秩序的重建，主张必须依靠平民革命的行动方式，以教育替代政治党争；乡村建设者则尝试地方改造，在社区重建一种政治、文化与社会混合并存的新秩序；社会主义者以阶级冲突为社会基本特征，共产党人通过构造新型的严密组织，凝聚起民众革命的力量（罗志田，2014；杨念群，2019）。转型时代的知识分子在社会上是游离无根、在政治上是边缘人物，而在文化上占据核心地位、是影响极大的精英阶层，因此其思想常带有强烈的疏离感与激化的倾向，是散布新思想的主要社群媒体（余英时，2011；张灏，2015）。公共舆论的讨论中，新时代的人格典型与中西文化的关系、未来国家与社会的形式、革命与改革的途径等，是最受关心的问题。民初以后改造国民的方式包括办报、演说、戏曲、教育、文学革命等；改造对象为城镇小资产阶级、中下层平民，侧重点由五四前的知识分子转向五四后的工农劳苦人民；而改造内容是倡导积极人生观——"内图个性之发展，外图贡献于其群"（袁洪亮，2016：226-250）。即张灏（2016：191）所述，中国的个人主义与群体意识相伴而来而具有双重倾向。

上述研究勾勒出了中国近代社会变动中个人主义思潮兴起的动因、宗旨、主体和影响。在借鉴这些成果的基础上，如前所述，本书将着重从社会结构变动的角度分析新观念兴起的作用和意义。重点关注在中国走向现代化的历史过程里，个人主义观念促发了怎样的人性理解以及关于正当合理的社会秩序的构想？知识分子如何联结"个性"与"群"，其中的主张与社会结构的变动之间有怎样的联系？如果个人主义只是一项文化工具，那么倡导主体的真正目的是什么？中国社会曾经如何设想个体与秩序，如何探索文明的道路？本书将20世纪上半期代表个人主义人性理解和生活方式的创造观念作为一项观念DNA，以此探寻中国社会早期现代化的转型脉络和变动肌理。

二、新文化运动时期的创造性观念

"创造"一词中国古已有之，但现在它所具备的涵义和价值，却是近代以后被赋予而形成的。创造性、创造力等概念在五四新文化运动之后在中国渐渐兴起而受到推崇（高瑞泉，1999）。近年来，"创造""创新"成为受到关注的概念①，"创造学"也发展成为一门新的学科，显示其相关的话语已经被建构为一个独立的知识范畴而专业化、制度化（吴红，2006）。昆廷·斯金纳指出，当一个概念或观念突然具有重要性时，意味着整个社会的某种变动。创造性观念在中国的社会转型时期受到的推崇具有什么样的意义？这一观念与社会变动是何种关系？如果生物体可以通过一根毛发、一滴血检验其重要的特性，那么本书力图检测观念中蕴含的DNA，呈现出社会结构变迁的脉络或原理。

（一）西方的创造观念

18世纪末至19世纪初被视为西方的现代话语转型时期。如福柯认为18世纪末，由生物学、经济学和哲学所形成的新的话语结构取代了古典知识，古典社会学把人类主体放在中心位置，而现代性则提供了一个过度社会化的个体概念；斯金纳将18世纪末19世纪初视为一个重大思想变革时期，认为这一变革的性质是共和主义思想的衰落、个人主义和自由主义的

---

①　如学术论文题目中"创造"、"创新"的出现频率大幅增加显示出它们所受到的关注。据吴红、杜严勇的统计，1994年到2003年，每年学术论文题目中有"创造"一词的从833篇增加至1724篇，有"创新"一词的从1252篇增加至20081篇（《创造与创新辨析》，《科学管理研究》2007年第3期）。

兴起；柯塞勒克也认为 18 世纪末到 19 世纪上半叶构成了一个过渡阶段，这种过渡体现为概念的革命，这些概念开启了现代社会的序幕。从传统社会向现代社会的转化意味着话语转型，在现代社会占据支配地位的思想和政治的话语体系在这一时期形成。

雷蒙·威廉斯在其《关键词》一书中，介绍了西方"Creative"一词涵义的变迁（雷蒙·威廉斯，2005：92-96）。"Creative"在现代英文中的普遍涵义包括"原创的""创新的""生产的"。在这个词的历史演变中，经历了两个重要的转换。第一，从"某种被创造出来的事物""过去的事件"，在 16 世纪转变为指涉现在或未来，同时创造能力从仅仅属于天神，发展为人类的、人为的创造。第二，创造一词被广泛接受并被解释为人的行动之后，19 世纪，这个词开始"充满高度的自主意识"，20 世纪它成为一种普遍语汇，意指"心智能力"。

波兰学者塔达克维奇考察了西方"创造"一词的起源和演化（刘仲林，2001：22-24），与上述观点基本一致，指出创造能力的拥有者从上帝到艺术家再到所有人，创造性逐渐成为社会成员普遍具备的属性①；不仅"创造"一词所涉及的对象从神转变为普通人，它的涵义在 19 世纪也发生了变化，由原来"在一无所有的情况下将某种事物制造出来"，转变为"制造新的事物，而非凭空创出"，"新奇"成为其首要标准。（刘仲林，2001）由此来看，西方"创造性"的演变经历了去神圣化、去等级化，其内涵随之主要转向两个方面，个体的自主意识和生产新事物的能力。这一概念的演变过程显示，作为一种关于个人心智状态的描述方式，创造涵义的形成与西方现代化过程中社会生活的世俗化和平等化密切相关。

20 世纪前期"创造"价值在中国得以确立，其主要思想资源来自柏格

---

① 其发展过程可分为四个阶段：第一，近一千年时间，在哲学、神学、欧洲艺术中不存在创造一词，仅在口语中出现创造者一词，意指父亲或城镇奠基人；第二，此后一千年中开始出现这个词汇，但只用于神学，创造者即上帝；第三，19 世纪，它出现在艺术语言中，创造是除了上帝之外唯有艺术家才具有的属性；第四，20 世纪，不仅艺术家，各领域的人都可以是创造者，创造一词开始用于整个人类文明领域。（刘仲林，2001）

森、罗素、杜威的理论学说。柏格森的《创造进化论》认为，宇宙是一个创造进化的过程，其动力是生命冲动。生命冲动创造生命并形成各种物质体系，被创造的事物不断连接成为新的生命体，层层扩大成长，形成整个世界的进化。因此，创造是人类生命的本质，是推动社会进步的根本要素，生命冲动就是对创造的需要。伯特兰·罗素的《社会改造原理》将人类行为的动力分为创造冲动和占有冲动，前者目的在于获得或占据一些不能分享的事物和利益，往往引发争夺和罪恶；后者目的是为世界带来知识、艺术等新的价值的东西，成为美德的源泉。好的生活多建筑在创造性冲动的基础上，坏的生活则多由占有冲动激发。因此，罗素主张创造本能战胜占有本能，无论个人生活还是政治领域都应以提高创造欲、降低占有欲为首要原则。杜威"创造的智慧"（Creative Intelligence）理论认为：创造是人类生活的本质属性，是指人对环境发生作用，"创造的智慧"即人应付环境的力量，主要指知识和思想，其过程可分成五个步骤，每个人都可以通过学习和训练提高这种能力。杜威（2001）批判传统社会贵族阶层对知识和文化的垄断，主张思想是每个人日常生活中必不可少的工具，而非上流阶层独享的特权。

柏格森的创造进化论批判机械的进化论，主张进化不仅来自对环境的适应，更源于个体改造环境的能动性，旨在强调推动社会发展进步的主体性；罗素鼓励创造冲动、倡导降低占有欲，是其进行社会改造的一种方法，旨在强调推动良好秩序的主体性；而杜威"创造的智慧"赋予知识、思想和能力以实用性、操作性，是他将文化去等级化的表达和实践，旨在强调平等民主的主体性。对主体性的推崇与个人主义思想相一致、相呼应。人的自由意志和"重估一切价值"成为五四时期文化所崇尚的思想取向，尼采的"上帝已死"被翻译成"天命陨落"，使人从对天命的崇拜下解放出来，主体地位迅速上升。从上述思潮的主要内容来看，20世纪初期引入的西方创造观念将创造性活动阐释为人类的普遍本质，它是生命的本能、生活的动力、价值的需要，并且与整个人类社会的发展紧密相连，代表个体改造环境的意志、产生新事物的能力。创造观念既是对人性内涵的重新定义，也是对社会形态的理解。

这一特点为此后西方社会批判理论所延续和发展，现代西方社会学、心理学的理论视野中，"创造"多呈现为现代人格的基本特性和内在需求，并成为现代社会批判的重要依据。如马斯洛（1987a：130-132；1987b：38-40）视创造为人类普遍的心理需求层次，是自我实现必须借助的内心动力，具备创造的欲望以及获得相应的满足，意味着人性的健康。马斯洛将人的心理需求划分为金字塔形的阶层结构，其中，创造力成为"自我实现"这一最高层次需求的内容之一。高级需要的满足要求更多的前提条件，而这种满足的实现能引起更深刻的幸福感、宁静感、内心生活的丰富感。进而追求和满足高级需要代表了一种普遍的健康趋势、一种脱离心理病态的趋势。马斯洛认为不仅创造性是一个普遍的特点，创造性同健康、自我实现和充分的人性几乎是同义词。同时马斯洛（2007：114-116）指出，高级需要的追求与满足具有有益于公众和社会的效果。在人本主义心理学的科学话语中，创造力被定义为每个个体都会自然具备的正常本能，它渴望得到实现和满足，是人类行为的重要动机。埃弗里特·哈根认为创造性是现代社会人格类型的特征，它表现出追求成就、获得社会承认以及证明自己存在价值的强烈渴望。他从社会地位流动的角度解释创造性人格特点的产生，并认为这样的人格类型是引发社会变迁和进步的重要因素。

西方的创造主体逐渐去神圣化而范畴扩大，随之变化的是"创造"与普通个体的心智能力以及生产物特点的联系越来越紧密。中国的现代创造概念与后者相近。在《现代汉语小词典》里，创造的词义为"想出新方法、建立新理论、作出新的成绩或东西"（中国社会科学院语言研究所词典编辑室，1996：198），也在于根据创造成果的"新"的特性来定义。这一涵义的形成和兴起源于五四新文化运动时期对西方思想的引进。

（二）新文化运动时期西方观念的吸收与创造性观念

"创造"一词中国古已有之。根据中国的创造学研究对创造一词的溯源考证，中国古代的"创造"主要有以下几层意思：第一，创作；第二，创建；第三，制造；第四，发明，制造前所未有之物。从使用范围上看，它主要出现在礼仪制定、基业开拓、物器制造、文章创作等方面。虽然接近现代词义，但它使用频率较低，在中国传统文化和思想观念中的位置并不重要，其价值很少受到关注（高瑞泉，1999：69；刘仲林，2001：21）。"创造"这一概念的现代性价值意涵是在五四新文化运动期间从西方吸收而形成的。它既不像"民主""科学"那样，在引进西方涵义时转变或抛弃了传统用法的涵义（金观涛，2008），也并非按照原本意义原封不动地继续使用。"创造"更多的是引进了西方精神中关于创造的价值内涵，使其从无足轻重的位置凸显为对社会具有重要导向作用的价值观念。

19世纪中期至20世纪上半期的中国早期现代化进程，一般被分为器物层面向西方学习（洋务运动）、制度层面向西方学习（从戊戌变法到立宪共和）、价值层面向西方学习（新文化运动）三个阶段，西方价值观念的引进和接受主要集中于新文化运动时期。中国对西方现代观念的引入自19世纪中叶开始，其间经历了三个阶段的演化。第一阶段是洋务运动时期，特点是用中国原有的政治文化观念对西方现代观念的意义进行选择性的吸收，常出现对全新概念的拒斥；第二阶段是从甲午战争后到新文化运动之前，以开放的心态接受西方现代观念，中国传统文化中原来没有的现代新观念大量传入，所吸收的观念更接近西方原意；第三阶段是新文化运动时期，特别是1919年以后，中国对所有外来观念进行消化、整合和重构，并在这些观念的基础上，建构形成了现代中国主要的道德意识形态（金观涛、刘青峰，2008：6-8）。"创造"一词与"科学""民主""自由""社会"等概念一样，是新文化运动时期接受西方现代文化而形成的价值观念，并在中国得以普及且逐渐为中国社会所熟悉。

中国文化传统没有将"创造"列为具有普遍意义的社会价值，它曾长期被正统意识形态所排斥，只存在于较为边缘的思想派别之中（高瑞泉，1999：118-121）。鸦片战争以后，中国知识精英的世界观发生巨大变化，"创造"与"进步""竞争"等新的价值观念一起逐渐受到重视。高瑞泉关于创造性观念的研究指出，从戊戌变法到辛亥革命，主要有两个社会背景促使社会风气和民众心理发生变化，为创造性观念的形成开拓了空间。首先，在康有为等早期改良派的主张下，政府开始采取奖励科技领域创造发明的政策；其次，清末新政废除科举制度，从制度层面动摇了注经传统，使废除科举后成长起来的新一代知识分子可以顺利接受"创造"这一新的价值观念（高瑞泉，2006：335）。除梁启超外，胡适、陶行知、梁漱溟等新文化运动期间创造性观念的主要倡导者，便是在科举制度废除后的近代教育制度下成长，但仍旧受到传统文化深刻影响的早期现代知识分子（林毓生，1986：45-48；姜义华，1987：111-112）。

五四新文化运动期间，"创造"得以兴起而凸显为备受推崇的价值观念。创造性观念的主张和倡导以及创造一词的运用，在当时的大众传媒、社会生活中频率增加，还出现了冠以"创造"之名的社团和杂志，创造成为受到广泛关注的重要观念，并进而形成了一种现代传统（高瑞泉，1999：69）。关于五四时期创造价值兴起的原因，主要有以下观点：一是认为它和个性解放的近代潮流相适应。中国近代要把人从儒家伦理理性中解放出来，创造性观念便成为中国人脱离儒家传统伦理关系的动力。此外，20世纪初中国古代正统文化传统日渐式微，创造性观念是用来反对传统的"知命主义"或"天命观"，目的在于鼓励发挥主观能动性，唤起国人的进取意识（武吉庆，2009）。关于五四新文化运动期间创造观的兴起，以往研究认为，这一时期"创造"的价值提升是该时代文化状况在观念上的反映。在对传统的批判与断裂中，"创造"不仅是促进科技进步以争取富强的手段，而且作为面向未来建构新的具有普遍性的民族价值的方法而获得广泛的推崇。

近代以后创造性观念得以成为一项价值，在于它与个人主义、个性解放的现代潮流相呼应，促进改变社会生活的秩序和规范（高瑞泉，1999：147-148）。因此，中国近代以来新文化运动时期的创造性主张可以划分为自由主义、文化保守主义、激进主义（浪漫主义）和马克思主义（高瑞泉，1999），不同创造性观念的阐发，均与批判传统文化的态度关系紧密，并与个人主义思想呼应一致，推崇个体的价值、能力和自主性。自由主义的代表如胡适，他侧重于理性，主要强调理性的批判过程和对传统文化的更新；激进主义的代表为陈独秀、李大钊等，他们激烈地批判传统，强调创造过程中主体意志的地位，强调创造的革新性、飞跃性，创造性观念是摆脱传统的一种手段；浪漫主义的代表如郭沫若，他认为创造和破坏是一体的两面，旧制度、旧文化的彻底破坏，就是新价值、新文化的创生，传统的彻底摧毁是创造的条件；以梁漱溟为代表的文化守成主义认为创造就是转变，是传统在新的条件下的阐发，它意味着继承发扬传统，"反本开新"，其创造理论较多地和直觉、本能等深层心理相关联；此外马克思主义者的代表如后期的李大钊，强调历史主体的创造意识，主张是群众意志推动了历史的创造过程，以唯物史观摒弃"天命"观，呼吁人民意识到自身的力量和权威，主动去创造历史。他们运用西方创造观念中改造现状的个体能动性，并借鉴了社会秩序应满足人性需求的认知模式。"创造性的人"是关于个体本质的阐释，也是对新社会、新文化的期待。

(三) 作为人性特质的创造性

由上来看，不论西方还是中国，关于创造力的认识和批判，多与"传统-现代"的认识框架相联系。如艾弗里特·哈根(Everett E. Hagen)所论述，"创造"代表着一种现代人格的意涵。哈根认为，传统社会成员的人格通常是专制型的、缺乏创造性而不思改革，原因是他们将世界看成一个专断的地方，其统治下的人无法对其进行分析和控制。而现代社会是创新型人格的产物，这一人格类型以创造性、好奇心、对经验的开放为特征，他们将世界看做一个可以被解释和理解的秩序(瓦戈，2007：58-60)。哈根还将从专制型人格到创造型人格的转化的动力归结为社会集团的地位退缩，即地位下降的焦虑促使他们建立新角色、采用新途径，实现向上的社会流动(瓦戈，2007：58-60)。包括创造性观念在内的五四新文化运动期间引入的各种西方观念也是以"人的现代化"为目标，相应地，中国社会关于创造力的讨论将创造所需的条件和人格特质视为与中国传统文化价值相异或相左。但创造观念对于中国社会来说是一个外来的观念，仅用传统型人格与现代型人格的对立看待这一人性特质的阐释，会停留于概念表层的相似性而遮蔽内在涵义的差异。

前述关于创造性观念的思想史研究从思想脉络的角度对创造性观念的内容和流派进行了介绍和分析，为本书关于创造性观念与中国近代社会结构的考察提供了重要的参考。但这些研究着重探讨创造性观念与其他价值伦理、思想潮流之间或对抗或呼应的关系，对于观念的存在基础，常常作为"社会背景"进行简单的概括，有的研究虽然谈及社会结构和社会制度的变化更迭，但对结构变动与创造性观念之间的相互作用分析得不够具体和深入。观念显示出社会结构在对待知识的态度上所施加的一种压力（兹纳涅茨基，2006），而且，关于个人理解的变化是社会结构变化的一个特殊方面，因而是解读社会变动的有效途径。基于以上，本书关注中国社会创造观念所提出的人性理解及相应的生活方式，与社会结构变动有着怎样的联系。五四时期的创造观念是富有个人主义涵义的人性阐释，本书力图分析其内涵、宗旨及性质和作用，通过人性观念的变动解读中国社会现代化的脉络和特点。

中国当下的创造、创新概念比起个体人格的特点或心理上的需求，更加明确地指出它是一种外在于个人的社会需要。由政府倡导的创造性观念主要运用着熊彼特的创新理论，"自主创新""提升创造力"代表自上而下进行产业升级、制度改良的导向和途径；在教育领域，"创造力""创新能力"等概念也成为关于个体或组织"综合素质"、"软实力"、核心能力、贡献程度的新的能力评判标准。创造、创新是在经济全球化背景下，为提升国家竞争力而由政府推行的倡导革新的发展策略，倡导创造的意义在于"民族进步""科技发展""素质教育""企业致胜"等（甘自恒，2003：32-36；北京创造学会，2004：1-4），强调其关乎群体、全局的利益。与此相应，中国"创造学"更多地受到现代西方有关"创造工程学""创造心理学"的影响，其分支学科主要包括"创造心理学""创造思维学""创造教育学"，重视心理状态、思维方法的训练。"创造学"是20世纪40年代于欧美形成的学科，近年已成为由中国教育部承认的新兴学科之一。在"创造学"当中，创造和创造力主要被视为一种与心理学现象紧密相关的技术性能力①，它以思维能力、智能结构为主要要素，可以通过思维的改进、心理的调节、智力的激励而得以提升。个人的人格特质和心理状态被视为创造力和创造活动的非智力因素，需要以促进创造力为宗旨而加以调整改善。

由上来看，现代中国社会公共话语中的创造性与创造力等概念，较之"个人的内在需要"，主要呈现为一种满足外在社会需求的心理学范畴和技术性能力。但这一概念具有丰富的社会学意涵。在马尔库塞那里，创造性、创造欲望代表着个体自由、独立和解放，它们在现代工业社会被商品消费所塑造的虚假需要所淹没而被遗忘（马尔库塞，2006），因此，创造性、创造欲望是个体不被资本主义工业社会和消费社会意识形态所蒙蔽，保持和发展批判性政治意识的基础。弗洛姆（2007：185）也认为创造性活动表达自发意志、体现"真实的自我"，是个人发展的重要内驱力。在这些理论观点中，创造力意味着人的本质、内在的自由、个体的自主等涵义，是现代社会个体人格中重要而又受到压抑的部分，它的实现与个人幸福和社会进步紧密相关。创造性、创造欲望既是个人内在需要，也是重构社会秩序的方法和实践。正如马尔库塞（1987：12）指出的，自主的、独立的精神过程已被个体在国家中的功能及其公共生存同化了，心理学范畴已经变成政治范畴，需要揭示心理学概念的社会学实质。

本书关注 20 世纪上半期中国社会现代转型时期创造性观念的兴起，这一研究可以在文化全球化的背景下加深理解个体与社会的交织互构。关于人的理解和界定构成理解社会秩序的基础，社会存在的可能性也正是通过其自身塑造出来的主体化形式而展开，中国文化传统和社会治理尤其重视

---

① 创造学领域的代表性学者对创造和创造力的定义如："创造是赋予新而和的存在；创造是对已知要素进行组合和选择的过程；创造是只可在实践中体会而不可言传的道。"（刘仲林，2002）"创造力是正常人在创造活动过程中，凭借积极的个性、独特的智能和合理的知识结构主动实现新颖价值的综合本领。"（北京创造学会，2004）"创造力是主体在创造活动中表现出来、发展起来的各种能力的总和，主要指能产生新设想的创造思维能力和能产生新成果的创造性技能。"（甘自恒，2003）

通过个体的阐释和塑造，形成良好的政治和秩序。现代转型中关于人性的阐释或预设何以产生、何以变动，既可以呈现社会变革与个体价值观念之间的相互作用，也可以揭示中国社会在变动中如何设计、构想、推进个体重构和社会秩序的重构，如何在一百年前全球联系日益紧密也加速动荡的时期，开始探索新的文明方式。

同时，不仅在中国传统文化中，近代以后被视为西方价值核心之一的创造精神及其相关概念没有被赋予特殊的价值，而且在其他非西方文化中也有类似的状况。如印度社会学研究者英迪拉得瓦（Indra·Deva，1984）指出，印度文化没有给个人在创造过程中赋予什么意义。这不仅是对于民间传统而言，对于非常有经验的和表达能力强的高层人物的传统也是同样。最典型的例子表现在，印度的优秀建筑、雕塑、神话著作和史诗以及书籍，基本上都是无名氏所作，在民间文化潮流中也同样缺乏对个人创造性的强调。可见创造观念对于非西方国家来说是一种思维方式、认知方式的引进和变更，其间的差异意味着对人性特质与个体价值、人与其生产物的关系等问题的不同理解。因此对创造性观念在中国社会建构过程的研究具有普遍性意义，有助于探讨文化全球化与多元现代化道路的关系。

第二章　思想观念、人性理解与社会变迁

一、思想观念与社会变动

关于思想观念与社会变迁的关系，知识社会学、历史社会学、观念史及概念史等方面的研究提供了重要的分析视角和理论资源。以下对有关思想、观念、概念、话语与社会变迁的重要研究进行了归纳。对于本书所思考的问题来说，它们主要的借鉴意义在于：第一，论述了社会基础对思想观念的决定作用，尤其着眼于思想观念与其主张者社会属性之间的联系；第二，探讨了思想观念在社会变迁过程中发挥的作用，指出观念是一种构成性的力量。

（一）思想观念的存在基础

知识社会学重视概念和观念，指出要理解社会学理论，它们有着非常核心的作用，不应被视作社会学的边际领域而受到忽略（伯格、卢克曼，2009：151）。知识社会学探求理解具体的社会——历史状况下的思想，关注思想、价值观与其社会背景之间的联系，对观念和知识赖以存在的社会条件以及社会结构影响知识和思想的途径进行研究（伯格、卢克曼，2009：4-11），这是本书研究的重要参考。下述理论观点对决定思想观念的因素观点各有不同，它们都聚焦于思想观念的社会基础，并指出思想与社会基础之间的互动关系。

涂尔干探讨的思想类型的社会起源被视为这一领域中重要的开创性研

究。涂尔干揭示道德、价值和宗教的社会起源和社会功能，指出思想观念并不是个别思想家头脑中的思考内容，它具有"集体表现"（collective representations）的性质。在《宗教生活的基本形式》中，涂尔干对思想的基本范畴的社会起源进行了分析，指出知识的分类范畴来自人类社会中等级结构的划分方式，因而两者具有同样的构成方法。他还指出，某种概念是否被接受，并不仅取决于它们是否具有客观有效性，还取决于它们在整个文化体系中与其他普遍流行的价值观能否相互整合。思想范畴的起源可以从群体结构和群体关系中找到，因而这些思想范畴是随着社会组织的变迁而变化着。概括来说，涂尔干认为对事物的认知方式反映社会结构，二者之间具有同构性，社会结构的变化带来认知结构的变化。

马克思和恩格斯主要讨论了经济基础与思想观念之间的对应性，认为物质生活的生产方式制约着社会、政治和精神生活的过程，尤其是经济结构限制了那些具有社会影响力的观念的范围。在马克思、恩格斯那里，阶级是观念的决定因素，"观念系统依赖于其拥护者的社会角色与地位，尤其是阶级地位。马克思断言，某一时期的永恒真理和被人接受的教条必须在最终的分析中被理解为其拥护者阶级地位的表达"（柯塞，2000：10）。他们指出，当某些阶级在历史发展的特定阶段产生了某些需要的时候，就形成了产生某些相应思想和知识的动力（默顿，2006：713）。也就是说，思想意识反映阶级的客观利益，每种思想都属于与之适合的那个阶级，在特定社会历史语境中，它们表达了其阶级的处境和愿望。同时，马克思和恩格斯也重视观念和经济基础之间的交互作用以及观念的发展方式。他们认为观念体系对于社会秩序的作用体现在选择适应权力需要、能与权力相平衡的东西，与核心权力结构不相符合的观念会被抛弃，能够反映真正权力组合的观念体系会受到关注而得以普及。马克思与恩格斯指出观念产生于社会结构并用以巩固社会结构，在他们的理论中，观念体系与经济基础相互作用，但最终经济基础才是核心的、决定性的一面。

舍勒（2012）的归因方式注重历史的变动，他认为决定知识与观念的主要因素随着社会变迁而更迭。舍勒论述在历史的发展进程中，决定思想观念的主要社会因素不是固定不变的，有着一定的发展顺序。他用"三阶段法则"来概括几种因素的交替作用：最初，血缘联系和亲属联系制度起到决定作用，而后，政治权力构成独立变量，最后，经济因素的作用成为决定性的。舍勒指出各个阶段影响思想观念的不同主导力量。在观念与存在因素的交互作用中，他认为后者是选择性动因，作用在于限制了潜在的观念在多大程度上能够获得实际的表现形式，具有从观念领域中进行选择的功能。此外，舍勒使用"结构同一"的概念，指出知识或观念与社会结构、经济结构、政治结构有着共同的前提条件，即两者都是由精英的"冲动结构"（Triebstruktur，如性、饥饿、权力等观念据以发展的真实欲望）所决定。舍勒认为家族、政治权力、经济因素依次成为观念的决定因素，社会基础对思想观念进行选择；同时舍勒的理论指出知识、思想、信念的操作主体是精英群体，将这一群体的取向视为思想观念变迁与社会变迁的共同条件。

曼海姆的归因在于社会地位。他强调各种群体有其各自的信念，是社会地位决定了他们的知识和观念。曼海姆遵循马克思主义的传统，认为历史、政治和社会科学以及日常生活中的思想是由经济基础决定的（曼海姆，2009），但他并不把阶级地位视作唯一的、最终的决定因素，通过探索各种不同的群体形式，如世代、地位群体、宗派、职业群体以及它们各自的思想方式，他认为是社会地位决定人们认识事物、感知事物的方式和人们形成思维的方式。在其关于意识形态的阐述中，各种群体的思想被视为各自社会地位所形成的产物，他指出现代世界舞台上各种相互斗争的观念，都表达了各自群体和阶级的愿望，而知识社会学的任务就在于"确定思想立场与结构-历史位置的经验相关性"（柯塞，2000）。默顿将曼海姆对社会环境与特定思想形式之间关系的假设归纳为五种（默顿，2006：747-750）：第一，"因果假设"：社会力量与思想形式之间存在一种直接的因果关系。第二，"利益假设"：观念和思想形式是符合即满足人们的利益的。第三，"注意焦点假设"：思想由问题的阐述所引导，而对问题的发现则又由主体所处的社会地位决定。第四，一定的社会结构是一定的思想形式产生的先决条件，只有在一定类型的群体中，某些思想形式才能得以产生和得到阐述。第五，观念还取决于与其他文化因素之间和谐一致的程度。由上可见，曼海姆对马克思主义进行了修正，认为社会地位对观念的形成具有关键作用，并将有关知识与思想社会基础的主要观点进行了归纳和综合。

兹纳涅茨基聚焦于"微观知识社会学"（the microsociology of knowledge），关注知识的创造者与承载者等社会角色及其社会组织结构。他的主要研究内容是将知识分子所扮演的各种社会角色进行分类，研究支配知识分子行为的规范模式，以说明社会知识系统形成的方式和结构。兹纳涅茨基的考察工具为"社会圈子"（social circle）这一概念，是指思想家与对其发表自己思想的听众、知识分子与为其提供物质或精神收益的公众之间形成的社会关系网络。兹纳涅茨基根据社会圈子对知识分子可能扮演的各种社会角色做出分类，如"技术顾问"和"圣哲"是为群体的集体目标提供意识形态评判；学者又可分为真理发现者、知识传播者、知识创造者等类别，他们对待新事物、新发现的态度，取决于学派系统体制化的程度，因而没有归属的知识分子往往表现出追求新奇的特点。兹纳涅茨基认为，知识分子扮演的每一种社会角色都回应着某一社会圈子的期望，这决定了他们对特定的知识类型采取特定的处理方式。这一研究将知识分子的社会角色视为知识和观念的形态与社会结构之间的媒介，他们身处的组织和相应的规范决定了他们对待知识和观念的态度（兹纳涅茨基，2006）。

默顿总结了知识社会学的发展，他将社会学所要分析的精神产品归纳为：道德信念、意识形态、观念、思想范畴、哲学、宗教信仰、社会规范、实证科学、技术等；将精神产品的存在基础分为社会基础和文化基础，其中社会基础包括：社会地位、阶级、世代、职业角色、生产方式、群体结构、历史情境、利益、社会、道德规范、社会流动、权力结构、社会过程（竞争、冲突等）；关于精神产物与存在基础如何相关，主要理论成果可归纳为三个层面：因果关系或功能关系、符号关系、有机关系或意义关系；"对应""反映""反馈"等其他词汇所指称的关系（默顿，2006：688-689）。

上述理论观点论述了决定思想观念的社会基础，及其与社会基础之间的关系，为本书研究思想观念与社会变迁提供了重要的参考。从涂尔干到兹纳涅茨基，决定知识、思想、观念的社会基础，分别被归因为整体社会结构、亲族-政治-经济因素的更替、由经济基础形成的阶级、各个群体的社会地位以及知识分子的"社会圈子"与社会角色；知识社会学对观念存在基础的分析从宏观到微观，研究角度从知识、思想体系与整体社会结构体系的同构性到某一群体的地位或某一社会网络的内部规范与知识、观念之间的对应关系。综合来看，这些因素主要涉及社会结构中各个群体的位置和角色。这些理论观点的发展为本书研究创造性观念与中国社会变迁给予了基本的也是关键的提示：思想观念的形态与传播与社会结构的因素有着密切的关系，观念随着其社会结构因素的变化而发生转变。不过，上述研究中，知识、观念主要是被社会基础所决定的，它被选择、被限制、被形塑、随着社会基础的变化而变化。虽然有论及两者的关系，但这些理论关注的主要是社会基础因素对思想观念所发挥的作用，关于思想观念作为一种自变量对社会变迁所发生的功能和意义，论述较少。因此，下面就思想观念作为一种构成性力量的作用和角色，对历史社会学、概念史等范畴的理论观点做一概观。

(二)观念、概念、话语与社会变革

观念具有历史与政治性格，它的变化既反映社会变动，同时也介入社会的发展(凯瑞·帕罗内，2005)。思想观念不仅是某种语境的产物，也是历史变化或历史语境的构成性力量(汪晖，2004：2-3)。这些观点指出了观念与社会基础之间的互动关系。较之思想观念的社会基础，下述概念史、观念史和历史社会学领域的研究视角，更多地着眼于观念与概念在社会生活中所发挥的作用，为思想观念与社会变迁之间的关系提供了具体深入的论述。

韦伯指出人们不仅受物质利益驱动，还由观念决定着目标和实现目标的轨道，因此他将观念比喻为"扳道工"(Switchmen)，指观念像扳道工一样，常常决定着受利益动力驱使的行动向何种方向发展。在《新教伦理与资本主义精神》当中，他论述了新教伦理是促发资本主义出现并使其在西方社会发展的主要动力，指出观念可以成为导致变迁的决定性因素。这一观念对社会变迁的作用显示出意识形态的性质。意识形态被视为社会变迁的重要来源，它的作用是把行为和社会关系加以正当化；为一个团体或社会提供整合的基础；为个体进行某种类型的行动提供动机（瓦戈，2007：12-15）。意识形态既可以促进稳定、维护现状，也可以成为引发变迁的动力。

在社会变迁理论中，观念的作用被社会心理学角度的研究方法所关注。不仅韦伯，前述艾弗里特·哈根关于现代创造型人格特点的理论也是这一方法的代表。这种研究关注个人心理和精神上的变化，认为社会进步是一定心理因素作用的结果。如哈根认为现代社会与传统社会是截然不同的两种人格类型的产物，现代创新型人格所秉持的观念和行为特征是"创造性、好奇心、对经验的开放性"。并用"地位退缩理论"解释从专制型人格支配的稳定的传统社会如何转向以创造型人格为特征的现代社会，认为地位下降的压力和焦虑作用于新一代的社会化过程，形成一种对于发展个人的创造性有益的环境和刺激，这些条件促成了创新型人格的产生。哈根将历史的顺序归纳为：权威主义、地位尊重的消失、退却、创造（哈根，1962：217；瓦戈，2007：59）。可以看出，这一观点认为社会地位的变化孕育了具有新观念的新的人格类型，而新的人格类型促成了新的社会形态。

除社会变迁理论外，概念史和观念史研究关注观念的出现及其意义演变过程，致力于探讨思想意识与社会变动的联系。历史社会学中出现将思想史与历史研究结合的趋势，被称为"语言转向"，关注词汇、概念、文本等语言范式的转化，将其与社会的变动相联系。这一转向的代表性研究倾向于将18世纪末到19世纪初西方向现代社会的转型，论述为一个思想和政治的话语转型。斯金纳以"概念"为更具体的研究单位，认为它既是思想观念的核心和内涵，也是思想观念的重要载体。他尤其关注某一特定时段中概念的"突然转换"，认为在重大历史转型时刻，相同的概念会被重新定义，因此不仅要探讨概念的意义，还要探究为什么这些概念会在某些时候成为主导，起着占据或者控制人们观念的统治地位，考察运用这些概念能做什么。斯金纳将概念变化的形式称为"文本战略"，这种修辞战略的使用服务于思想家们所要表达和所要达到的目的，即使某种受到质疑的社会行为合法化，以及对那个社会做出一种合法性的思想论证，建构一个社会得以良好运转的观念基础和使民众形成共同的认同。斯金纳指出概念的重新定义是一种文本战略，意在为某种政治行为找到合理性。

斯金纳（2011）在其代表性作品《现代政治思想的基础》中，聚焦于"国家"这个概念。他研究作为一种全能的和非人格化的国家权力是如何进入近代世界的，考察"国家"这一概念形成和被接受的过程。他的研究揭示，13—16世纪，"国家"从维持统治者个人地位的概念，转变为单独存在的一种法定和法制的秩序，维持这种秩序被定义为统治者的职责所在。根据这一涵义的转变，国家的权力而不是统治者的个人权力，开始被视为政府运转的基础，从而使国家在近代术语中得以概念化，被看作其疆域之内法律和力量的唯一源泉，而且是其公民效忠的唯一恰当的目标（斯金纳，2011：2）。这一研究指出了国家概念的变化是现代民族国家得以成立的一个重要支点。

曼海姆（2002）在其《保守主义》一书中指出，历史社会总体走向动态化，而这种动态过程又通过社会阶级的分化持续下去，这一社会变动的特点带来社会地位的变化，促使社会群体面对历史发展和自身处境形成了现代保守主义（曼海姆，2002：73-75）。他认为，保守主义是一种群体性的"历史时代感"，它的核心思想是认为过去不可避免地导致了现存社会状况的产生，同时也据此承认现存社会状况的合法性、正当性。通过对这种思想观念形成过程的分析，曼海姆指出它提出了一种能通过新的途径解释事物进程的思想方式，是在社会变动面前保全自己的一种方法（曼海姆，2002：101）。在曼海姆这里，保守主义观念是通过新的解释方式对社会变动作出的一种回应。

福柯的《知识考古学》（2003）和《词与物》（2001）分析了话语表达方式

的转换和话语群之间关系的变动，他把语言整体看作一个空间，分析各种话语在此空间里形成的网络，以及各种概念所处位置的变化。福柯指出，任务在于不把话语当作符号的总体来研究，而是把话语作为系统地形成这些话语所言及的对象的实践来研究。福柯强调语言结构对人类的重要性，认为语言是一种实践，人类通过语言实践建构起与世界的关系，而话语构成方式的变化便意味着个人与社会的变化。因此，他的研究通过概念网络和话语模式的变化探讨权力运作的方式和社会变迁的动向。福柯提示了话语作为思想观念的表达，本身即具有作为行为实践的性质和作用，思想观念的相关话语代表着某些新的社会事象的形成，也意味着权力运行方式的变化。

其他关于思想观念变迁与社会转型的重要研究，还有以下富有启示的观点（杰拉德，2009：304-321）。罗桑·瓦龙探讨经济思想变迁的社会条件，他分析凯恩斯主义经济思想的话语结构，指出20世纪30年代至60年代它在欧洲一些国家被采用的原因在于，它对当时西方社会自由主义危机的解决方式，仅限于对经济运行方式的小幅调整，不会威胁到整个政治经济体制的稳固性。这项研究显示出社会政治经济结构是对新兴观念进行选择性接受的基础和条件，而观念被社会选择后对社会体制发挥了维持和巩固的作用。

欧洲关于早期社会政策或福利国家起源的研究将重大政治转型与思想转变相联系，认为"社会问题"的提出引发了社会和政治思想领域的知识转型。为了回应新的问题、找到解决的办法，人们在一个新的道德和政治哲学框架内重新界定各个主体的责任，尤其是个人和国家的责任。于是个人道德的涵义、组织机构的道义范围、国家应当承担的职能发生转变，主体之间以新的形式发生关系。这些研究指出，新的知识和观念的产生源于对新的社会状况的回应，它们用以促进新型社会关系的形成，进而可以带来社会政策的相应变化。这揭示了知识与思想观念可以作为一种新的标准，改变社会主体的定义和行为规范，引起制度的调整。

威廉·塞维尔、基思·贝克等历史社会学家和思想史学家关于法国大革命的研究，把社会变化概括为思想观念的转型。他们重视思想观念的作用，认为观念是社会秩序的构成要素，并不次要于社会经济和政治体制因素。彼得·瓦格纳也认为，使跨越时空的社会现象稳定下来的，并非大型结构，而是概念这一语言现象的运行。他认为社会转型就是通过概念的变化对环境进行重新阐释，这种重新阐释使行动者从一种历史情境走进另一种情境。这些观点强调思想观念在社会变迁中的重要作用，指出了概念、观念是一种阐释行为，它也是对社会状况的建构。

金观涛、刘青峰在其《观念史研究：中国现代重要政治术语的形成》中认为，把一个个观念互相整合起来的观念系统，发挥着引导和协调社会行动的功能，使社会行动能够实现意识形态所规定的目标（金观涛、刘青峰，2008：16-20）。他们指出在不同的阶段，不同的社会主流观念主导着社会行动，如19世纪末洋务运动时期与社会行动有关的是万国、富强等观念，20世纪初经济观念推动重商主义，出现大量新式民营企业、共和观念将现代政治作为公共领域的事务从皇帝的私人事务中分离出来，使绅士阶层可以积极参与建立共和主义的立宪和代议制度；而后共和被民主观念所取代，建立代议制转为主张普通大众广泛地参与政治。他们的研究将观念作为社会行动的基础，规定了行动的方向，近似于韦伯所说"扳道工"的作用。

上述研究论述了观念在社会变动中的角色和作用，他们提示了新观念的产生是对新的社会状况或社会问题的对应，它们对社会现象或社会进程进行新的解释和界定，进而促进形成新的衡量标准或解决方案。这些研究和理论重视观念、概念在社会变迁中作为自变量的角色，论述思想观念通过各种方式，在历史进程中起到了承前启后的作用，在被社会基础选择的同时能够对社会进程发挥重要的影响。从上述理论观点来看，观念在社会变迁中发挥作用的形式主要可归纳为两个方面：第一，合理化作用：作为一种认知和理解的理据，将某种秩序或发展方向正当化；第二，建构性作用：观念塑造行为方式、人格特点，形成新的社会事物的范畴，引发社会关系和社会政策的变化。对于本书关于创造性观念与中国社会变迁的研究，它们提供了有益的视角和分析思路。

知识社会学指出了思想观念的社会基础，历史社会学的"语言学转向"及概念史分析了思想观念在社会变革中的重要作用。对于中国社会变迁来说，思想观念一直是一个重要的角色，本书所关注的 20 世纪上半期尤其是五四新文化运动时期，是新旧观念复杂交错、各种思潮纷至沓来的时代。历史研究的基本观点认为新文化运动虽然有各种意见相左的理论流派，但思想家的社会改革主张都延续了中国传统文化的思考惯性，即以思想为解决社会问题的关键。不论这种方式发挥了何种作用，这都显示出思想观念在中国近代社会的变革中被视为格外重要的角色。那么，为什么会出现这样的倾向？如何理解这种特点与中国社会变迁的联系？知识社会学和历史社会学的上述研究提示我们，需要关注决定这些思想观念的社会基础，以及它们意图对社会基础发生的具体功能。本研究将创造性观念及其相关话语作为一个切入口，从文化角度加深对中国近代以后社会变迁的理解，也有助于探讨思想观念与社会变迁之间的联系。

二、本书的研究对象和研究方法

本书从社会结构的视角对创造性观念与中国近代社会变动之间的关联进行分析，注重观念发挥作用的形式。在研究方法上，借鉴知识社会学和历史社会学的视角，即思想观念表达特定群体的利益和需要，注重观念与群体及其社会地位的联系。本研究希望通过观念的考察分析获得对中国社会变迁的深入理解，在观念的社会基础中，便尤其需要重视社会结构的因素。在历史社会学的理论视域中，社会变迁来自社会结构的变动，很多研究注重从各种社会群体和社会力量之间抗衡或组合的模式中寻求社会变迁的动力，揭示社会关系结构的变化是社会变迁的核心内容。除马克思主义的社会变迁理论外，如艾森斯塔德(1992)通过统治者、官僚、传统权势集团、新兴社会利益集团之间的关系结构，说明近代资本主义社会的产生原理；佩里·安德森(2011)根据王权、封建贵族、新兴资产阶级、农奴等几种社会群体之间的力量对比和联盟方式的变化，理解人类社会的历史变迁。"语言转向""文化转向"揭示了思想和话语的重要作用，但尚未能够充分与社会结构的整体变迁相联系。

基于对中国社会变迁特点的探求和社会学理论方法的充实，本书尝试从社会结构的视角，考察 20 世纪上半期创造性观念和中国社会变动之间的关系。首先便需要解答两个基本问题：第一，创造性观念与何种社会结构的因素相关联；第二，创造性观念以何种方式对社会结构发挥作用。具体来说，创造性观念以何种目的、何种形式被接受和传播？这一观念与各种社会群体处于什么样的关系，与何种社会关系结构的变动因素有关？它试图将什么事物正当化、旨在引发何种变化以及怎样引发变化？

（一）考察对象

本书的主要分析对象是近代以后中国创造性观念兴起过程中四位关键建构者兼推广者的话语文本。一个社会开始自觉地掌握一种新概念的最明确的迹象是：一套新的词汇开始出现，然后据此表现和议论这一概念。本书选取的 20 世纪上半期，现代意义的创造性观念受西方思潮的影响而在中国兴起，这一时期"创造"一词的现代涵义被引入中国，并且形成了相关的一系列新的词汇，围绕它们出现了相关的讨论（高瑞泉，1999：69；刘仲林，2001：8）。曼海姆指出，对某种思想结构进行分析，会遇到把它归因于一定群体的问题。这要求对那些普遍地运用这些术语进行思想和表达的群体、阶层进行经验研究，说明为什么是这些群体而不是另外一些群体体现了这种思想。五四新文化运动时期是塑造了当代中国思想文化的重要历史变革时期，根据思想史中关于创造性观念的研究成果，新文化运动的几位思想领袖同时也是将创造性观念引入并大力倡导的重要建构者，对中国近代以后创造性观念的兴起和普及发挥了重要的影响。根据在观念建构中的作用和地位，本书将对五四新文化运动时期介绍、主张、倡导创造性观念的主要代表人物——梁启超、胡适、陶行知、梁漱溟的话语文本进行分析。虽然这四个人在新文化运动中分属于不同的思想派别，但都通过当时的报刊、书籍等出版物、思想团体和结社组织，以及大学讲座等途径对创造性观念进行介绍、阐发和倡导。他们不仅是创造性观念内容建构和形成过程中的关键人物，也是创造性观念得以广泛普及的积极推行者。

在对文本的考察过程中，本书将创造性观念视为由"创造"相关的概念及词语为核心而形成的、有关创造的一系列观点、态度的阐述与主张。弗耶利认为，观念"是我们的感觉和冲动所呈现出的知觉形式；每个观念不仅涵盖一种智力行为，而且涵盖知觉和意志的某种特定的方向。因此，对于社会亦如对于个体一样，每个观念均为一种力量，这种力量愈加趋向于实现其自身的目的"（转引自伯瑞，2005：1）。一般观点认为，从构成来看，观念是组成意识形态的基本要素，它由概念作为表达，是用某一个或几个关键词所表达的思想。金观涛认为，观念使用固定的关键词表达思想，任何观念的起源、社会化和演化，也就是表达该观念的相应关键词的起源、传播和意义变化（金观涛、刘青峰，2008：3）。也就是说，概念是构成观念和表达观念的要素，而概念会派生出许多词语。词语、概念、观念之间的关系可看作关系层层递进、涵义逐渐统一而得以体系化的关系。昆廷·斯金纳认为词汇与概念之间具有某种系统性的关系，如某个新的概念会发展出一套相应的词汇，但概念或观念虽然常需要词汇作为载体，却不必然以其为存在的前提。霍布斯也论述了词语对于概念和观念的意义，他认为词语的出现意味着一种重要的转变，它使得人们不仅可以形成关于某个特定事物的一个概念，而且可以获得关于同一概念的多个不同的侧面或可能性；每一个不同的概念都以不同的语词进行标识，这些词语分别指示了这些概念所指涉的内涵（佩迪特，2010）。斯金纳和霍布斯都指出了词语对于理解概念和观念的重要性。综合以上观点，本书认为概念、词语是构成观念和表达观念的重要组成要素。本书对有关创造的定义和阐释进行考察，分析在这一概念的基础上阐发的有关主张和思想，在考察的过程中，表达或包含创造之意的一系列词语，如"创造力""创造性""创生""创新""创发""独创"等词汇都将纳入考察的范围。

(二)研究方法

在这些言论的研究中，将注重两个方面内容的考察与分析：一是观念所表达的内容涵义；二是观念表达这一行动本身的涵义。这是基于对福柯"话语即构成对象的实践"以及维特根斯坦"话语即行动"的观点的赞同，将观念的表达视为一种在具体语境中的行动。下面对这一理论方法在概念史中显著发展起来的背景作简单的归纳，以说明这一方法与本课题研究目的的契合性，在于它不把观念作为孤立发展的范畴，注重观念与外在语境之间联系，利于揭示观念在社会转型中发挥的作用。

在思想史研究中，占主导地位的研究方法是在"哲学"的抽象层面上对思想的涵义和演变进行研究。以阿瑟·洛维乔易为代表的"历史观念史"聚焦于"观念的单元"（unit idea），即西方思想传统中那些基本的、持续存在的观念。这些基本观念被视为具有普遍性的观念，在历史中不断发展和进步，是"经得起时间检验的智慧"（斯金纳，2005）。20世纪60年代开始，以昆廷·斯金纳为代表的概念史研究转向关注思想的社会背景。概念史批评以往思想研究把思想家视为一个个孤立个体，与他们所属的社会相分离，思想被从它们得以产生的具体社会现实中抽离出来，无法说明其原本的意图和对社会生活发挥的作用。斯金纳（2005）提出应将文本放在历史的语境和思想家自己的语境中，显示出他的思想与其历史影响之间的关联。他认为任何思想家的陈述都不可避免地依赖于特定的社会条件，为解决特定的问题而发言，体现着特定的意图。因而应注重探讨产生文本作品的社会脉络和知识源泉，即研究思想家在何种状态下创作出这样的文本，使用这样的词汇来表达自己的思想，他们提出并试图要回答什么问题，这些问题如何被接受和被认可等。这意味着"强调文本的语言行为并将之放在语境中来考察"，其研究方法被称为"语境主义"（contextualism）。语境主义的研究方法认为语言有两种维度：意义的维度和行动的维度。前者是被描写为意义的范围、研究与词汇和语言；后者是语言行动的维度范围，研究说话者在运用单词和句式时所能行动的范围（帕罗内，2005：107-108）。

　　斯金纳的研究代表着思想观念研究的范式转换，从文本本身转向对概念形成的社会环境的考察。同斯金纳一样，曼海姆也认为观念、思想形式在社会过程某一特定时期出现绝非偶然，指出它们是与社会力量一起共同地存在和演变的（默顿，747）。如前所述，曼海姆认为每个群体总是从社会总体和历史总体中适应他们的群体目标的那一方面出发来看待问题，因此，把价值、观念、思想与它们在社会中所处的地位联系起来，考察它们形成、塑造一定思想方式的社会心理过程，构成了从一般归因水平到可检验的经验探索水平进行知识社会学研究的程序（帕罗内，2005：107-108）。

　　从概念史研究中，斯金纳指出语境下的语言具有两种维度，知识社会学则揭示了通过思想观念的群体基础进行考察的研究程序。本书从社会关系结构的角度考察思想观念与社会变迁之间的联系，为了揭示思想观念在社会关系结构变动中的意义和角色，在考察中结合并发展斯金纳与曼海姆的研究方法，从两个方面着手：一是考察观念的内容涵义与社会结构之间的关系；二是考察观念表达行动所处的社会关系结构。后者包括考察观念作为行动的主体（主张和倡导的群体）、这一行动所针对的对象（思想观念所欲影响或发生作用的群体）、这一行动的接受对象（面向谁进行观念的表达和传播、观念的接受者）、这一行动所涉及的群体（在观念的涵义中或表达过程中发生关联的群体）等，通过几种主体之间关系的分析，探明思想观念的表达作为一种行动，对社会结构发生作用的动机、方式和影响。

　　在具体分析中，基于本书的研究方法，创造性观念主要倡导者的相关话语文本，视创造性观念为一种表达性的行动和实践。在从阶层、群体的角度分析创造性观念与中国近代社会变动的考察中，分析的着眼点如上文所述，除了观念表达的内容之外，还有表达行动的主体、对象以及涉及的其他群体。具体而言，即创造性观念具有什么样的内涵？创造性观念的表达代表什么群体的立场和意愿？是向什么群体表达？作为一种行动这一话语的目标在于什么？此外，这个表达行动中还涉及哪些群体或社会角色？其中提示了什么样的相应的关系模式？这种话语文本的考察方式目的在于，在历史语境和社会关系中把握创造性观念的导入和兴起，探明观念的角色和作用，即它具有什么样的"显功能"和"潜功能"①；认识这一话语实践所处的群体关系，理解通过创造性观念而呈现和所欲建构的社会关系结构的特点，从而在此基础上探明思想观念内涵与社会变迁之间的关系。

基于以上，本书将对倡导创造性观念的主要人物及其主张、民国时期的报纸期刊等话语文本进行分析，主要的研究方法包括以下三项：

第一，个案研究。主要个案是近代以后中国创造性观念兴起过程中四位重要倡导者——梁启超、胡适、陶行知、梁漱溟，以及近代日本社会主张创造性人生观的代表人物稻毛诅风。这些个案具有理论抽样的代表性，即他们的言论能够体现创造观念与社会变动之间的关联；也具有话语建构的重要性，即这些个案在创造性之内涵与价值的塑造中曾发挥主导性作用。

第二，话语分析。借鉴话语分析（discourse analysis）的方法，本研究将相关话语文本视为一种表达性的行动，注重两个方面内容的考察与分析：一是观念所表达的内容涵义，即如何认识和阐释创造性；二是观念表达这一行动本身的涵义，即创造性的主张是代表何种社会角色面向何种群体进行表达。这有助于本研究在历史语境和社会关系中把握创造性的社会涵义。

第三，文本分析。为了分析观念在社会生活中的传播与运用，本研究根据在数据库中的检索和统计，对民国报纸杂志中阐释创造性的文本进行量化统计和归类，并对其中每一类内容进行归纳与分析，以把握有关创造性的话语的内容构成及其主张的价值依据。

（三）关于20世纪上半期创造观念主张的基本归纳

五四新文化运动期间，各种社会思潮交汇和碰撞。柏格森的创造进化论、杜威的实验主义工具理性、罗素的社会改造原理等西方思想被引入中

---

① 默顿把关于"显性"功能与"隐性"功能的概念应用到概念建构的层次上：显性功能是有意图和有意识的概念作用，隐形功能则是指没有意图且无意识的概念作用。

国，对包括创造性观念在内的中国思想的整体发展产生了广泛的影响。科学、民主、自由等一系列西方现代价值观在这一时期被中国社会所关注和传播，正如先行研究指出的那样，创造性观念与这些现代观念相互呼应着，倡导个人的进取和解放。本书从结构变动的角度考察创造性观念，探寻它在社会结构变动中的角色和功能，为此，首先对创造性观念的四位主要倡导者进行了考察。四例个案显示，主要倡导者关于创造的阐述和主张有着不同的目标，内容、涵义各有侧重，进行表达和传播的方式、语境也不相同。但他们的创造性观念都是中国初期现代知识分子在汲取西方思想的基础上进行诠释、发挥、运用，都论述创造对于个体和社会来说意义重大，带来了一种对于个人和社会的新的理解方式。以下对主要围绕着四个个案考察所呈现的基本共性进行归纳和分析，以把握创造性观念的主要宗旨。

按照创造性观念所欲回应的问题、将四位倡导者创造性观念内容中呈现的意图和目标归纳为表 2-1。四位倡导者的个案分析显示，它与中国近代社会结构变动之间的关联主要在于两点：第一，现代团体的建立；第二，现代知识分子阶层关系的变动。四位倡导者的主张重点如表 2-1 所归纳。梁启超和梁漱溟在创造性观念的主张和运用中主要着眼于团体的建立，注重通过创造阐释团体与个人之间的关系、成员对于团体的参与态度等。胡适和陶行知主张创造性观念显示出对阶层关系的关注，前者侧重于新型知识分子阶层的崛起，后者侧重于民众阶层的成长；梁漱溟的创造性观念也是知识分子发动民众并与民众相联合的方式和手段。

表 2-1　　　　　　　**四位倡导者创造性观念所指向的变动**

	梁启超	梁漱溟	胡适	陶行知
国家、团体	●	●	△	○
阶层、群体	△	○	●	●

注：●——重点提及　○——有所提及　△——较少提及

　　创造性观念作为思想领袖和文化精英的主张，它是一种被提示的社会改革的方式、社会问题的解决方法，也是努力进行呼吁、说服和传播的过程。观念的意图和目的虽然是尚未实现的愿景，但它意味着对社会关系结构进行调整、推动的尝试，是对新的社会关系结构的有力建构。上述归纳表明，在中国近代社会变动中，创造性观念的兴起主要与中国现代国家以及社会团体的形成、新兴现代知识分子的社会角色及其阶层关系建构密切相关。本书后文将论述，关于"创造性的人"之内涵阐释，有助于现代知识分子推动中国建立现代共同体认同，有助于知识分子领导民众而成为社会中坚。

第三章　传统处世哲学中的人格理想与创新的意义①
——以《菜根谭》为例

在进入现代创造观念的分析之前，先需要理解有关创造的观念为何在中国传统文化中未被赋予积极的价值。本章试图从社会学的角度对《菜根谭》进行分析，结合传统处世哲学中个人实现的方式分析现代观念中受到关注的"创造"和"创新"对传统社会的个体来说具有何种意义。

传统的中国思想以儒为主，佛道相辅；宋代以后的新儒学被称作儒道佛三教合流。中国传统处世哲学通常思考个人生活实践的方法，对人情世相进行经验性总结，其中包含大量关于适应社会和自我发展的主张，具有贴近社会生活实践的实用性和较为鲜明的感情色彩。本书选取的处世哲学文本是著于明朝万历年间的《菜根谭》。它融会了儒、道、佛三种思想（林家鹏，1997：75-81），较为综合地体现了中国传统生活哲学的主要内容（张德胜，2008：142）。本章分析表明，《菜根谭》追求的理想人格具有冷静的内在意志，外在表现为平稳调和的状态，在自我实现的过程中重视回避冲突以自我保全。新奇性意味着偏激和差异，不符合理想人格的符号特点也不具备自我保护的功能；此外心智能力和其成果从属于伦理道德理想，本身缺乏独立的价值，"新奇"性被赋予的正面涵义仅限于对世俗社会的疏离。

---

①　本章内容曾发表于《合肥工业大学学报》（2010 年第 6 期）。

一、创造观念与中国传统思想

在现代心理学理论中，创造与个人的自我实现密切相连。人本主义心理学家马斯洛指出人类需要的最高层次是自我实现（self-actualization）。它是个人生活的目标和意义所在，其含义包括充分展现和发挥能力、潜力、天赋，以及对生命感到满意。其中，创造力的发挥被视为对自我实现具有极大促进作用的重要因素（彭运石，1999：134-135）。如前所述，创造力、创造性的现代性价值意涵，是在五四新文化运动期间从西方吸收而形成。"创造"一词中国古已有之，但其在中国传统文化和思想观念中的位置并不重要，其价值很少被关注过（高瑞泉，1999；刘仲林，2001）。关于创造力的争论和批评多认为，中国的创造观念和创造力受到传统文化中社会规范的抑制因而未能得到发展。本章关注其中超越既有方式或形态的"创新"意识，分析现代创造观念所注重的核心意涵在传统价值观中的位置和意义。即"新"的要素在传统价值观念中被如何理解和定位？现代创新观念的意涵对于传统哲学中的个人生活有着什么样的意义？

中国传统思想并不看重创造的价值，传统价值观中的道德规范被认为抑制了创造力的发展。那么传统价值伦理具有什么样的性质？张德胜（2008）从社会学角度诠释儒家思想，认为其核心是追求社会稳定，因此特别注重社会秩序；而儒家思想建立秩序的手段重点集中于个人的道德教化。他指出孔子主张的是现代社会学所指的"价值共识论"（value-consensus model），即强调社会成员对价值观的主动服膺，要求每个人主动遵守社会规范，鼓励自我的品德修养。孔子的终极关怀是宏观的社会秩序，但言论的焦点集中于微观的个人道德。张德胜指出，儒家思想的终极关怀在于社会秩序，而道、佛思想的终极关怀是个人的自我救赎。三种思想是互补性的关系：儒家致力于人伦秩序的改善，道家追求出世的自然探索和书怀遣兴，佛教思想借回报观念建立因果秩序。三者都追求和谐均衡，佛、道的思想并不背离秩序和稳定。在这些论述中，道德修养是一种意识形态，精英阶层通过对个人的教化建立社会秩序。社会对个人的道德要求压抑了个人的主体性，这是对中国传统文化的主要批判观点。

同样，王元化指出，在中国传统文化中，尚同贵公的思想占据主导地位。他认为："我国传统观念侧重于共性对个性的规范和制约，而忽视个性，以社会道德来排斥自我，形成了一套固定的思想模式和伦理道德规范，从而使个体失去了它的主体性。"（王元化，1990：9）孙隆基（2004）在《中国传统文化的深层结构》中也论述类似的观点：中国传统文化注重规则与秩序，个人用社会关系来定义自己，造成自我成为必须由外力制约的对象。个体因他制、他律而失去自我调配和自我组织的能力，导致自我人格的不发达。而现代创造观念所要求的基本人格特点，便是具有主体性和能动性。因此传统道德规范和关系伦理被认为与创造观念相悖，阻碍了个人的创造力。

在借鉴这些观点的基础上，本章也提出疑问。首先，社会道德和关系伦理与具有主体性的人格理想是否一定相矛盾？其次，中国思想传统中也包含着自由主义传统和一定程度的自我主张（狄百瑞，2016），它们如何体现在个人修养和社会秩序的关系之中？本章试图通过对融合"儒释道"思想的《菜根谭》进行内容分析，把握"创造力""创造性"所蕴含的"推陈出新""与众不同"等在传统处世哲学中的价值涵义，理解传统人格及由此所推扩的社会秩序的特点，进而可供此后章节论述创造性主体特点及其社会秩序建构作用时进行对照。

二、对《菜根谭》的考察和分析：
另一种主体性与"新"的意涵

《菜根谭》是明代洪应明的语录体著作，内容涵盖对修身养性、为人处世及治学、立业的认识和体会，不仅表达理想人格的形态，还具有指导日常生活的实际意义。有观点认为，其教化功能类似于《颜氏家训》等家训类文本（李卫东，2009：93-98）。它被认为是代表士林阶层的价值观，本书将其视作体现中国传统道德伦理价值观的代表性文本，它着重表达个人处世哲学，体现出个体对主流价值观的认知和进行取舍选择的态度。

《菜根谭》有多个版本，本书采用目前国内最为普遍阅读的版本之一（洪应明，2006）。《菜根谭》分为上下两部，共360条格言。上部225条，主要论述为人处世、待人接物、修养、治学、治家等内容；下部135条，多描述出世独处时的感悟和情怀。本书关注个人与社会之间的关系，重点选取上部的225条格言进行解读和分析，将主要描述内心感受的下部内容作为分析的参考。

本书的解读过程主要分为三个步骤。第一步，将上部的225条格言，按照其涉及的内容和主要的观点进行分类。可分为六大类：其一，个人与社会的关系；其二，价值体系之间的关系及个人的选择；其三，自我修养的方法；其四，处理人际关系的方法；其五，关于才华与能力；其六，自然与社会中对立概念的关系。第二步，根据各个类别的内容分析其中关于自我实现的主张，解读自我实现的目标和方式。第三步，分析在个人实现的价值体系之中"新"的行为和"新"的事物具有何种含义。以下是解读与分析的归纳。由于篇幅所限，本书中每一项分析或论点仅引证两三条相关格言，每条格言的序号是它在原书中的顺序编号。

（一）自我实现的目标——理想人格的建构

《菜根谭》显示，自我实现的目标是一种理想人格，具有强大的自我控制的意志力。追求道德理想的个人意味着另一种形式的主体性：即追求自我驾驭，使自身不被任何内在或外在事物所牵制或左右。具体可从以下几点看出。

1. 不被欲望诱惑和操控

《菜根谭》阐述自我建构的重要方面是发现和保持本性。它认为社会对个人的负面影响表现为欲望的诱惑，它们会给本性带来束缚和遮蔽。只有在远离诱惑和干扰的条件下，才能区别认识自身原有的纯洁本性与"污染"

"埋没"本性的世俗欲念，从而寻求和保持真正的自我。现举例如下：

第2条：涉世浅，点染亦浅；历事深，机械亦深。故君子与其练达，不若朴鲁；与其曲谨，不若疏狂。

第57条：人心有一部真文章，都被残篇断简封锢了；有一部真鼓吹，都被妖歌艳舞淹没了。学者须扫除外物，直觅本来，才有个真受用。

"纯洁"的个人要对抗"污浊"的社会，就要以清醒的认识和强有力的意志抵制欲望的诱惑。《菜根谭》强调对自身抵御诱惑的控制不可松懈。

第40条：欲路上事，毋乐其便而姑为染指，一染指便深入万仞；理路上事，毋惮其难而稍为退步，一退步便远隔千山。

第86条：念头起处，才觉向欲路上去，便挽从理路上来。一起便觉，一觉便转，此是转祸为福，起死回生的关头，切莫轻易放过。

不仅仅是欲望，对其他一些影响行为的情绪和意念也要进行控制。《菜根谭》主张不应被内在情绪所驾驭而失去自我控制，依据是情绪和意念容易带来消极的结果，自我控制可以抵御外来伤害。例如：

第38条：降魔者，先降自心，心伏，则群魔退听；驭横者，先驭此气，气平，则外横不侵。

第216条：不可乘喜而轻诺，不可因醉而生嗔，不可乘快而多事，不可因倦而鲜终。

2. 不受外在条件的影响和限制

《菜根谭》认为个人不应被环境条件左右，也不应受个人处境的制约。

主张通过对自身进行管理和规划，保持适度、平稳的状态。它论述生活节奏不应随情境和客观状况而放任自流，要进行自我约束和自我调控，使自身状态保持平衡而不走极端。其主张的根据是能否自我调控将引起受益或受损的实际效用。例如：

第 123 条：念头昏散处，要知提醒；念头吃紧时，要知放下。不然恐去昏昏之病，又来憧憧之扰矣。

第 175 条：无事时，心易昏冥，宜寂寂而照以惺惺；有事时，心易奔逸，宜惺惺而主以寂寂。

第 184 条：忙里要偷闲，须先向闲时讨个欛柄；闹中要取静，须先从静处立个主宰。不然，未有不因境而迁，随时而靡者。

它还主张不被自身所处的社会状况、环境条件等因素所影响和局限。比如不随环境、互动对象的变化而改变自己的冷静态度和道德价值观，不因发生的事情引起情绪和心理的波动，也不因身处的境遇打破平稳的心态，等等。

第 223 条：君子处患难而不忧，当宴游而惕虑，遇权豪而不惧，对茕独而惊心。

第 82 条：风来疏竹，风过而竹不留声；雁渡寒潭，雁去而潭不留影。故君子事来而心始现，事去而心随空。

第 211 条：风斜雨急处，要立得脚定；花浓柳艳处，要著得眼高；路危径险处，要回得头早。

3. 目标是追求自我控制的意志与平衡

以上分析显示，个人要既抵制内在的欲望和情绪，也抵御环境、处境等外在因素的影响和制约。《菜根谭》强调把持自我，通过对自身进行理性的调节和控制，实现内外两个方面的目标：一是内在的强大的意志力；二是外在的平稳调和。追求冷静、刚强的意志力，这在其他格言中也得到证明。例如：

第 79 条：耳目见闻为外贼，情欲意识为内贼。只是主人翁惺惺不昧，独坐中堂，贼便化为家人矣！

第 206 条：冷眼观人，冷耳听语，冷情当感，冷心思理。

追求平稳调和的目标也体现在主张不走极端的观点中。行为分寸得当而不偏激，被视为理想人格的外在表现，是自我控制和自我管理的重要方面。其论述方式多为提出一组对立的概念，认为个人在两端之间进行调和、取得平衡，才是理想人格的表现。例如：

第 22 条：好动者，云电风灯；嗜寂者，死灰槁木。须定云止水中，有鸢飞鱼跃气象，才是有道的心体。

第 106 条：士君子持身不可轻，轻则物能挠我，而无悠闲镇定之趣；用意不可重，重则我为物泥，而无潇洒活泼之机。

第 41 条：念头浓者，自待厚，待人亦厚，处处皆浓；念头淡者，自待薄，待人亦薄，事事皆淡。故君子居常嗜好，不可太浓艳，亦不宜太枯寂。

《菜根谭》中的格言主张个人要抗拒世俗社会的诱惑和所处环境、状况的诱使，也要抵御内在的情绪和意念，这是一种理性的意志，戒备一切有可能改变或左右自己的事物，把握主宰自身的力量。从中可以看出个人与社会之间充满张力，其中大量与道德相关的内容，与其说是对规范的被动内化，毋宁说是借助道德表达个人保持自我的意志，拒绝在世俗社会面前就范。这为前述传统价值观中个人主体性缺失的观点提供了补充和修正：通过对世俗社会的批判和抵抗，道德主张成为表达个人主体性的立场。它体现出另一种主体性和一种自我建构的方式，即对自身进行强有力的管理和驾驭。

《菜根谭》中描述的理想人格代表了这种主体性，它具有清醒的意志，是不受诱惑、不受约束、不被牵制和局限的独立自我，而这种自我控制表现为平衡调和的行为和态度。两者相互对应，内在坚定的意志带来平衡调和，平衡调和的状态成为具有坚定意志的理想人格的象征符号。

(二) 自我实现的方式

《菜根谭》不主张一时的自我扩张和利益满足最大化，反对将所拥有的文化资本(布尔迪厄，1997)积极对外呈现，注重规避人际关系中的矛盾冲突。这可归纳为以下两个要点：

1. 回避强烈的自我扩张

不追求最大的利益满足，主张在自我保全的基础上渐进地发展，依据是事物的对立面相互转化，需谨慎地保护自身不受损害。例如：

第20条：事事留个有余不尽的意思，便造物不能忌我，鬼神不能损我。若业必求满，功必求盈者，不生内变，必招外忧。

第137条：爵位不宜太盛，太盛则危；能事不宜尽结，尽毕则衰；行谊不宜过高，过高则谤兴而毁来。

《菜根谭》中的格言还主张在竞争的人际关系中也同样应避免自我利益的最大化扩张，其依据仍旧在于这样做就可以避免冲突和损害。例如：

第13条：径路窄处，留一步与人行；滋味浓的，减三分让人尝。此是涉世一极安乐法。

第17条：处世让一步为高，退步即进步的张本；待人宽一分是福，利人实利己的根基。

第19条：完名美节，不宜独任，分些与人，可以远害全身；辱行污名，不宜全推，引些归己，可以韬光养德。

2. 平凡的自我呈现

《菜根谭》主张"庸德庸行"，在日常社会生活实践中个性平常、态度模糊，减少对才能、财富、道德等自身拥有资本的对外呈现。依据是基于对社会心理的认知，不积极地自我呈现是自我保全、避免冲突和损害的有效方式。不过，此处并未表现出对社会趋同压力的完全服膺，主张既"不同"也"不异"，不"变操履"也不"露锋芒"，重点在于力求表现平凡、不引人注意。例如：

第98条：澹泊之士，必为浓艳者所疑；检饰之人，多为放肆者所忌。君子处此，固不可少变其操履，亦不可太露其锋芒。

第178条：标节义者，必以节义受谤；榜道学者，常因道学招尤。故君子不近恶事，亦不立善名，只浑然和气，才是居身之珍。

第198条：处世不宜与俗同，亦不宜与俗异；作事不宜令人厌，亦不宜令人喜。

《菜根谭》中描述的自我实现回避自我利益的最大化，主张日常生活中消极地自我呈现。这与前述对世俗社会的抗拒、对社会心理消极趋势的认识有关，它们主要是针对可能为个人带来的损害而采取的防卫性策略，尽量避免因自身社会资本、文化资本的特点带来社会压力和负面效应。

(三)"创新"的位置和意义

如前所述，现代创新观念与个人的心智能力紧密相关，重视成果的新奇性。《菜根谭》中的观点显示，学问、事业等体现个人的心智能力的领域实现理想人格的途径和手段，被视为道德价值的从属因素；而"新"和"奇"

与理想人格的外在特征以及回避冲突的原则相悖,对于自我实现来说,它们既不具备符号意义,也没有正面功能。

1. 道德修养的价值高于学问和才能

《菜根谭》认为道德修养的价值高于学问和才能,道德修养为本,事业和文章都是从属因素。例如:

> 第158条:德者事业之基,未有基不固而不栋宇坚久者。
>
> 第139条:德者才之主,才者德之奴。有才无德,如家无主而奴用事矣,几何不魍魉猖狂。

它论述学问和才华的目的在于提升品德,才华和能力没有道德作为目标便是盲目和浅薄的。例如:

> 第56条:读书不见圣贤,如铅椠庸;居官不爱子民,如衣冠盗;讲学不尚躬行,如口头禅;立业不思种德,如眼前花。
>
> 第154条:节义傲青云,文章高白雪,若不以德性陶镕之,终为血气之私,技能之末。

为学的目标与抗拒世俗价值的意志目标相一致,其境界提升在于减少"物累"即世俗的功利性,而非学问本身达到的水平或产生的具体成果。能力和成果被视为"外物",并不能体现人的真正价值。例如:

> 第14条:作人无甚高远事业,摆脱得俗情,便入名流;为学无甚增益功夫,减除得物累,便超圣境。
>
> 第183条:夸逞功业,炫耀文章,皆是靠外物做人。不知心体莹然,本来不失,即无寸功只字,亦自有堂堂正正做人处。

于是《菜根谭》倡导平淡、平凡、中庸，其才华和能力的表现形式力求"自然"，主要关注对道德负面价值的克服，而非创造新的事物或价值。"新"与"异"不具备理想人格的符号价值和功能特点。

2. "新"和"异"作为一种外在的形态特点，不符合理想人格的符号特征

与把持自我的意志相对应，《菜根谭》认为最高价值的事物表现形式的特点是自然平淡、恰到好处。平稳调和成为强大意志和理想人格的符号，而新奇的形态不符合这样的特点，不具备作为符号的价值。例如：

第 7 条：酏肥辛甘非真味，真味只是淡；神奇卓异非至人，至人只是常。

第 102 条：文章做到极处，无有他奇，只是恰好；人品做到极处，无有他异，只是本然。

第 118 条：惊奇喜异者，无远大之识；苦节独行者，非恒久之操。

"至人"和"人品做到极处"代表着理想人格的实现。前述自我建构的分析显示，理想人格意味着以冷静的意志达到平稳调和的状态。"常"是"至人"的外在特征，"本然"是人品做到"极处"的外在体现。"奇"和"异"的符号价值低于"淡""常"，并不能代表"极处"这一最高等级价值的意涵被视为"无远大之识"的表现。

3. 与众不同和喜新求异不符合理想人格的功能特点

如前所述，追求自我实现的方式强调回避人际关系中的冲突，因而自我呈现力求平常无奇，与他人既不同，也不异，保持消极的调和。"新"和"奇"代表与众不同和标新立异，这容易引起人际关系的摩擦，因而与上述原则相悖，不具备保全自我的功能。例如：

第 110 条：市私恩，不如扶公议；结新知，不如敦旧好；立荣名，不如种隐德；尚奇节，不如谨庸行。

第 181 条：阴谋怪习，异行奇能，俱是涉世的祸胎。只一个庸德庸行，便可以完混沌而招和来。

第 198 条：处世不宜与俗同，亦不宜与俗异；作事不宜令人厌，亦不宜令人喜。

"新"和"奇"未被赋予积极的价值，它们被视为"涉世的祸胎"，无助于保全自己，易导致陷入不利处境或蒙受损害。而"庸行"可以"招和来"，符合自我保全的要求。

4."新奇"的正面含义与消极的处世原则有着密切的关系

能摆脱世俗的功利欲望，便是有价值的"奇"，刻意追求新奇则是偏激的行为，不符合理想人格的要求而价值降低。《菜根谭》第 169 条说："能脱俗便是奇，作意尚奇者，不为奇而为异；不合污便是清，绝俗求清者，不为清而为激。""奇"的正面价值仅在于与世俗社会价值的疏离，一旦积极地追求不同，便失之偏颇。这与《菜根谭》的理想人格以及道德立场多基于对世俗社会的抗拒是连贯一致的。道德修养的主张主要是通过对世俗社会的批判而得以表达，它们本身着重于对负面价值的抗拒，而非主动地认同和追求积极的价值或利益。如第 28 条："外世不必邀功，无过便是功；与人不求感德，无怨便是德。"其中对价值含义的认知方式与上述关于"奇""异"意涵的主张同出一辙。

三、小结：创造新事物与个人价值的自我实现

以上关于《菜根谭》自我建构和自我实现的考察表明，个人的理想形态是以强大的意志自我调控，抵抗社会的诱惑和影响，实现行为和态度的平稳调和。作为自我实现重要途径的道德修养，具有对世俗社会的对抗性，

是一种对个人主体性的表达和追求。但在自我实现的具体方式上，《菜根谭》注重自我保全，主张回避自我利益的最大化以规避冲突。《菜根谭》体现出个人内心对社会的抵触、抗拒，表面则持不即不离的态度。

由于个人价值的核心在于道德修养，学问或事业只具有从属性的价值，是提升道德、实现理想人格的途径和手段，因而其成果或产物本身就并不受到重视。进而"新"的特点并不与某种心智能力相联系，而是以理想人格的实现需要为标准进行衡量。在这样的视阈之中，首先，"新""奇"意味着"偏颇"和"极端"，这与理想人格强调的平稳调和的特点不一致，不能代表冷静的意志。其次，"新""奇"意味着"差异"，标新立异、与众不同会影响以和为重的人际关系，对自身造成威胁或损失，因而不具备自我实现所要求的回避冲突、自我保全的功能。

《菜根谭》中，道德价值主要是出于对世俗社会功利体系的抗拒，道德修养与其说是社会秩序所要求的个人教化形式，不如说是用于表达个人主体性的方法和立场。与此相应，"新"与"奇"的正面含义也仅在于"脱俗"，在于对世俗社会的疏离，而非出于对其价值本身的认同。现代创新观念所重视的对新奇性的有意追求，便意味着偏激和差异，从而成为批判的对象而未被赋予价值。

对照前述关于中国传统文化的主要观点，对《菜根谭》的考察显示出不同的侧面。关于"注重秩序和稳定""趋同贵公"以及"个人自我弱化而缺乏主体性"的观点，笔者认为需要进一步补充并进行多角度的探讨。对《菜根谭》的分析显示，传统价值观中关于个人的理想形态主张强有力的自我意志，它的主体性主要面向对自身的驾驭，而非个体性缺失或淹没所能简单概括。

一般观点认为传统价值观中道德规范的要求束缚了创造力的发展。通过《菜根谭》的解读，本书具体地分析和呈现了道德修养与创新之间的关系。现代创新观念未被赋予重要价值，原因包括三方面：一是"新"的要素意味着偏激和差异，而偏激与理想人格的符号特征不符，差异与回避冲突的自我实现方式相悖；二是心智能力和其成果从属于伦理道德理想，本身缺乏独立的价值；三是个人与世俗社会的对抗态度使得"新"的正面含义具有明显的消极性。

以上分析所呈现的"新"在传统价值观中的含义提示："中国传统价值观抑制了创造力的发展"这一观点还需深化和补充。并非由于主体性的缺失而导致个人创造性的匮乏，在和现代不同的主体性的表现形式之下，比起个人的心智能力和成果特点，创新更多地与理想人格的符号特征以及在人际关系中的功能相联系，因而形成了消极的定位和消极的内涵。与马斯洛所代表的西方理论观点不同，在中国传统处世哲学中，对于个人来说，成果的新奇性并非促进自我实现的强有力的因素。本书分析也显示，中国传统文化对创新价值的轻视不应简单归结于道德规范或趋同压力的束缚，它是个人在与"世俗社会"之间的复杂张力中谋求自我实现时，由多个层面的需求所形成的。

第四章 "创造性的人"：从差序格局到团体格局

辛亥革命以后王权解体，宗法家族制度走向衰落，传统的社会秩序与心灵秩序危机同时爆发（许纪霖，214）。但新文化运动的意义并非在价值层面对西方思潮的简单接受，而是对学习结果的重建，使其变成中国式的现代观念，并用它们建构新的道德意识形态（金观涛、刘青峰，2008）。那么中国社会接受创造观念的过程中如何界定和阐释它的涵义？在全球化背景下，代表个人主义人格特点的"创造性"观念与中国社会秩序重构有何种关联？本章对创造观念的两位重要倡导者梁启超、梁漱溟的主张和阐释进行分析，指出"创造性的人"是一项以个人为出发点的话语策略，旨在推动中国现代国家和团体组织的形成，展现了知识精英力图在差序格局基础上建构团体格局的构想。

一、"创造性的人"与现代国家认同
——对梁启超的考察[1]

梁启超是五四新文化运动的先驱，也是最早介绍和主张"创造"思想、曾参与现代创造性观念在中国社会早期建构的重要人物。他与康有为等人被视为中国第一代现代知识分子，胡适、陈独秀、梁漱溟等人是第二代知

---

[1] 本节部分内容曾发表于《天府新论》2011 年第 6 期，原文题为"创造思想的接受与近代中国的社会变动——关于梁启超的考察"。

识分子(刘桂生等，1989：104-105)，新文化运动期间创造性观念的主张和
倡导，主要集中于具有现代教育背景的第二代知识分子身上。与之相比，
梁启超这位传统教育制度下最后一代知识分子的代表人物、20世纪初叶中
国的思想领袖怎样认识"创造"，何以关注和主张"创造"，为理解观念变动
与中国社会变迁的关系提供了重要的个案。

本章考察材料主要基于较为全面地收录其言论的《梁启超全集》①，对
内容的考察主要有三个步骤：第一，在全面了解倡导者的生涯与思想发展
脉络的基础上，把握其主张创造观念的主要时期；第二，考察对创造涵义
的直接阐述，把握其中对个体和社会的表述方式；第三，根据倡导者对创
造的概念与价值的运用方式，结合创造观念所关联的时期和事件，把握其
倡导创造观念的宗旨。

从创造观念的主张和运用中体现的个体阐释与社会结构之间的关系来
看，梁启超的创造性观念借鉴和运用柏格森的创造进化论，旨在推动社会
成员形成对现代国家的认同。群己关系原理的缺失、天下观与国家观念的
冲突被视为建立国家观念和国民意识的阻碍因素。梁启超借用创造进化论
中关于生命冲动的学说、创造次序连接扩大以成进化的观念，使个人的自
我实现与群体进步相结合、现代国家与"天下"相调和。梁启超创造概念中
唤起个人意志、促使个体积极作用于社会的意涵，与其塑造国民意识以实
现国家动员的主旨相呼应。从社会关系的结构来看，创造性观念是将中国
传统社会差序格局与近代国家团体格局进行协调的话语媒介。

(一)梁启超对创造进化论的借鉴与阐释

第一次世界大战后，西方开始反思现代性。梁启超在巴黎和会前后游
历欧洲，也开始重新思考东西方文化，写下《欧游心影录》，其中他第一次
介绍和阐发了柏格森创造进化论的观点。《创造进化论》一书著于1907年，

① 梁启超：《梁启超全集》，北京出版社1999年版。

1919 年译成中文，其哲学主张在新文化运动期间引起广泛反响而成为当时最具影响力的思潮之一。

柏格森认为，是生命冲动引起的创造形成了整个世界的进化。首先，生命处于持续不断的进化过程之中，这一过程的本质，是在过云形成的积累的基础上，不断地增加各种新事物的创造。其次，创造的动力来自生命冲动，生命是一种原始的冲动，有两种活动形式：向上运动创造生命，向下运动产生各种无生命的物质形式。这种冲动的力量不会消失，将随着生命的创造而趋于强大。它推动着各种系统的进化发展，并且促使它们从小到大依次连接扩大，最终形成整个宇宙的进化。在格格森的理论中，创造既是个体本身具有的内在属性，也是社会进步的本质因素。对于个人来说，创造性是生命冲动的内在需要，创造活动释放和展现生命的力量和价值。同时对于社会来说，"进化是一种不停顿的崭新创造"（柏格森，1999：103）。柏格森批判斯宾塞机械的进化论，认为人类的进化并不仅是对外在环境适应的结果，更是人类创造力不断发挥而形成的积累和进步，强调个体改造环境的能动性推动社会发展进步。

柏格森对人类能动性的肯定鼓舞了梁启超①，"我们既知道变化流转就是世界实相。又知道变化流转的权操之在我，自然可以得个'大无畏'，一味努力前进便了。这些见地，能够把种种怀疑失望，一扫而空，给人类一服'丈夫再造散'"（梁启超，1999：2977）。根据创造进化论，梁得以阐发和鼓动个体面对社会时的力量感、操控感，而非安于天命的被动顺应。他关于创造的定义是："创造者，人类以自己的自由意志选定一个自己想要到达的地位，便用自己的'心能'闯进那地位去。"（梁启超，1999：4061）梁启超在 1922 年所著《什么是文化》一文中详细阐述了他的创造观。其中可以看到两个要点：第一，将创造视为人类的本质；第二，关于创造的内涵强调"自由意志"。

---

① 下文某些地方简称"梁"。

梁接受柏格森的创造进化论，把创造视为人之所以为人的核心要素，阐述文化的进步是人类创造力的成果。"人类所以独称为文化的动物者，全在其能创造且能为有意识的模仿。"（梁启超，1999：4061）"……创造力终须有一日变成'结晶'。这种结晶，便是业果，也可以说是文化果。"（梁启超，1999：4062-4063）他在创造的内涵中强调"自由意志"，视自由意志为创造的本质，认为正是因为自由意志，创造才推动文化的进步。"假如人类没有了这种创造的意志和力量，那么，一部历史，将如河岸上沙痕，一层一层的堆积上去，经几千几万年都是一样"（梁启超，1999：4061）是自由意志使得创造活动可以不受束缚限制而时时刻刻不断进行。基于自由意志的原则，梁启超认为有意识的模仿也具有价值，因为它"是经过自由意志选择才发生的，所以它的本质，已经是和创造同类"（梁启超，1999：4062）。

梁提出创造需要注意四点，其中也可以看出梁启超认为创造的核心意义在于个体改变现状的意志。第一，创造不一定在当时此地发生效果。如孔子、基督的创造力那样，创造可以超越时间空间，永远普遍地存在（梁启超，1999：4061）。第二，创造的效果，不一定和创造人所期待的内容相一致。因为一个创造，常常引起其他创造，其效果即便与当时的动机不符，也仍会发生作用和影响。第三，创造是永不会圆满的。"人类文化是活的，永远没有完成的那一天……亦正惟因此故，从事创造者，只能以'部分的''不圆满的'自甘。"（梁启超，1999：4061）第四，创造是不能和现境距离很远的。"创造的动机，总是因为对于现在的环境不满意或者不安心，想另外开拓出一种新环境来。……创造者总是以他所处的现境为立脚点，前走一步或两步。"（梁启超，1999：4061）在梁的阐述中，创造始于对环境的不满意或不安心，但创造行为的效果和意义具有个人无法左右的性质，它超越时间、空间以及主体的期待。也就是说，梁启超主张创造不必追求立竿见影或与主体意图相一致的效果，而且"不圆满"是创造本身的特点，因此也不必过于追求其成果的完美程度。他推崇创造对于文化进步的意义，较之于它的直接产物或功效，更强调对当下环境进行改变的意志，注重鼓动个体对社会环境积极发生作用的能动性。

如前所述，西方社会的创造意涵在 19、20 世纪发生变化，创造概念与普通个体以及生产物的特点联系得越来越紧密，其涵义指向个体的心智能力和创造物的新奇性。与之对照，梁借用柏格森的哲学视角所进行的阐发中，关于创造的主体，较之内在的需要或能力，主要倡导意志的觉醒和发挥；关于创造的结果或创造物的特点，重在鼓励人们掌握自身命运，批判"顺应天命"的消极态度，而创造活动的效果难以预料并不在意志的掌控范围之中。梁启超在 20 世纪所引入和阐发的"创造性"观念，重在论说个体意志与社会进步的关系，体现了他对个体与社会之关系的理解——将社会变化的力量归结到个体，从个人的生活态度入手，便可以改变社会。较之于延续以文化解决社会政治问题的思路，梁启超的创造性主张体现了他的改良方案延续着良好社会秩序从个体推扩而来的认知模式。那么他通过塑造"创造性的人"想解决什么问题、建立何种秩序？本书在把握梁启超整体思想脉络的基础上进行考察，认为其创造性观念的阐释，同促进中国现代国家认同、培育和塑造国民的过程有关。

(二)"创造性的人"与现代国民-国家关系

梁启超有关创造的论述多出现在建设国家与培养国民的主张当中。对于中国的危机和变革，梁认为首要问题是树立现代国家观念、建立国民意识。他指出"今世的文明，是靠全社会一般人，个个自觉日日创造出来的"。与此相应，中国处于同世界各国的竞争之中，这种竞争的性质，与"国君糜烂其民以与他国争"的竞争不同，是国民之间的竞争。"今日世界之竞争国民竞争也"（梁启超，1999：310）。"其原动力乃起于国民之争自存……非属于国家之事，而属于人群之事，非属于君相之事，而属于民间之事。"因而，他论述"国民之力"是与欧美抗衡的关键，只有像日本、菲律宾等国那样以强大的国民的力量进行抵抗，才能使欧美"锋为之顿而舵为之转"(梁启超,1999:310)。基于这种认识,梁认为中国的危机就在于国民之弱。他批判中国没有国家观念,社会成员缺少对国民角色的认知和意识,对国家间的竞争和对抗无法产生同仇敌忾的情感,使中国在竞争中处于被动地位。"吾中国之不知有国民也,不知有国民,于是误认国民之竞争为国家之竞争。故不得所以待之之道,而终为其所制也。"(梁启超,1999:309)他认为,中国人的症结不是不爱国,而是根本不知现代国家为何物,国家观念和国民意识严重缺失(梁启超,1999:270)。他评价中国人口虽多,有资格称得上"国民"的人却寥寥无几(梁启超,1999:414)。

梁对国家观念薄弱的批判同时是对群己关系伦理缺失的批判。"人也者,非能一人独立于世界者也,于是乎有群;又非能以一群占有全世界者也,于是乎有此群与彼群。"(梁启超,1999:417)从其论述背景及其语境来看,这里的"群"主要指以现代国家为代表的团体。他批评中国的问题在于"人人知有身不知有群,则其群忽涣落摧坏,而终被灭于他群,理势之所必至也。中国人不知群之物为何物,群之义为何义也,故人人心目中,但有一身之我,不有一群之我"(梁启超,1999:417)。梁认为中国社会中对群的意识淡薄,关于群己关系的伦理没有确立,在国家与国民的关系上,便是国民力量无法动员,导致国家竞争力难以强大。"吾中国谓之为无群乎,彼固庞然四百兆人经数千年聚居而居者也。……然终不免一盘散沙之诮者,则以无合群之德故也。"基于此,梁启超主张中国迫切需要建立群己关系的伦理,"故今日吾辈所最当讲求者,在养群德一事"(梁启超,1999:429)。梁启超把国家视为最大的群体,把国民与国家的关系视为个人与群体的关系,国民即相对于"一身之我"的"一群之我"。他认为国民形成的阻碍是群己关系伦理的缺失,在关于国民建设的论述中批判中国缺少群体和"群性",探讨建立个体与国家关系的原则、依据和关系规范。

群己关系规范缺失问题阻碍国家观念和国民意识形成的观点,也体现在关于"公德"与"私德"的讨论之中,"公德"包括作为国家成员应该具有的伦理观念。"公德者何?人群之所以为群,国家之所以为国,赖此德焉以成立者也。"(梁启超, 1999: 660) 梁启超抨击中国缺乏国家赖以存在的"公德", 他把中国伦理与西洋伦理相比较, 指出中国传统伦理着眼于个人与个人之间的关系, 而现代社会所需要的是个人与群体之间关系的规范。"旧伦理所重者, 则一私人对于一私人之事也。""新伦理所重者, 则一私人对于一团体之事也。"(梁启超, 1999: 661) 梁所希望的, 是在国家框架内, 把从自我本位出发的人际关系伦理, 转化为个人与团体之间群己关系的伦理。如他主张作为国民应以公德为先, 对国家承担义务和责任的重要性高于"私德"。"群之于人也, 国家之于国民也, 其恩与父母同。……苟放弃此责任者, 无论其私德上为善人为恶人, 而皆为群与国之蟊贼。"

国家观念和国民意识的建立被视为中国应对世界竞争的迫切问题, 而且其阐述中呈现出明确的"个体决定社会"的认知模式。梁在其《新民说》中指出, 中国人没有"一国国民之资格", 将国民角色的培养作为社会改革的根本问题, 认为塑造国民才能推动中国社会的进步。"然则苟有新民, 何患无新制度? 无新政府? 无新国家?"梁在其教育主张中论述, 教育的任务就是培养"国民资格", "在养成一种特色之国民, 使结团体, 以自立竞存于列国之间……"(梁启超, 1999: 912) 梁启超借鉴和主张创造性观念的背景, 即他基于对中国社会危机症结的认知和理解, 寻求解决方法。他关注中国社会群体利益与个人利益之间的隔膜和矛盾, 将"公德"这一群己关系伦理的缺失视为建立国家观念和国民意识的阻碍因素。对于这一障碍, 柏格森的创造进化论也提供了解决问题的思想资源。创造进化论的意义不仅在于其内容本身, 更在于它有助于现代国家意识的树立。这主要表现在两个方面, 一是帮助他建构个人与团体之间的关系伦理; 二是可借以调和中国传统天下观与现代国家观之间的差异。

首先, 梁启超运用创造进化论调和群己关系。如前所述, 创造进化论认为创造活动中同时包含着个体化的趋向和与其他成员联合的趋向, 创造既是人的本能冲动、内在力量的展现发挥, 也为世界增加新的元素。梁启超也借此思路, 以"尽性"阐发生命冲动的涵义, 通过创造活动次序连接扩大促成更大范围的进化，论述个人的自我实现与群体的进步可以共同完成、相互促进。

梁启超"一战"后去欧洲观察时拜访了柏格森，归国后在《欧游心影录》下篇《中国人之自觉》中，论述了"我们做国际团体一分子的中国应该怎么样，我国国民该走那条道路才能把这国家在世界上站起来"（梁启超，1999：2978）。他共提出十二条建议①，其中第五条为"尽性主义"。他借《中庸》"尽其性"表述柏格森的生命创造冲动，倡导发挥创造力，对国民的培养提出"尽性主义"："尽人之性，便是一个人处着特殊的地位，将固有的特色，尽量发挥，这才不辜负我们的一生。"（梁启超，1999：4023）强调人的创造性本能不应受到束缚和桎梏，"要把个人的天赋良能，发挥到十分圆满"。并从个人和社会两方面论述其意义："就私人而论，必须如此才不至成为天地间一赘疣，人人可以自立，不必累人，也不必仰人鼻息。就社会国家而论，必须如此，然后人人各用其所长，自动的创造进化，合起来便成强固的国家、进步的社会。"（梁启超，1999：2980）

梁启超进一步论述个人尽性创造与国家进步之间的关系，他一方面指出每个人的本能受到压抑、才华无从展现是中国社会落后的原因，同时主张以国家代替原有的传统组织与权威，可以促进每个人发挥本能和才能。"我国则并无所谓国家目的，徒以社会上畸形的组织，学说上惰性的权威，把各人的本能，从小就桎梏斫丧起来。如今人开口便说是中国民智不开，或说是人才消乏，诚然不错。但又须知，在这种旧社会束缚驰骤之下，才智是断不能发生。因为旧社会也有一个模子，将中国人一式铸造，脱了模就要在社会上站不住。……天赋良能，绝不能自由扩充到极际。"（梁启超，1999：2980）在这些论述中，释放创造性是个体充分展现自身才华与价值的生命目标，是需要社会提供条件才能获得满足的本能和需求，而现代国

---

① 十二条建议分别为：成为世界主义国家、相信中国不亡、从阶级政治转为全民政治、着急不得、尽性主义、思想解放、彻底解放、提高组织能力及法制精神、职业选举和国民投票、地方自治、社会主义商榷、国民运动。

家构成提供支持条件、满足个体利益的重要机制。

因此,梁启超把尽性主义作为塑造国民的根本,主张"今日第一要紧的,是人人抱定这尽性主义……将自己的天才(不论大小人人都有些)尽量发挥……这便是个人自立的第一义,也是国家生存的第一义"(梁启超,1999:2980)。梁启超通过"尽性主义"这一中国式话语表达方式阐释创造进化论中的生命冲动,同时按照创造进化论中个体创造与整体进步彼此提携相互促进的思路,论述现代国家解放个体的创造性才智,而个体的创造活动也满足国家生存和进步的需要。依据创造性是人性本能需求这一新型的人性观念,国民与国家、个人与群体之间的矛盾得以消解,两者成为并行不悖、相辅相成的关系。

借鉴创造进化论的思路,梁将公德私德孰轻孰重的论辩进行统合。"一方面我们要发展个性,他一方面又要发展群性。能够如此,才算是有了高尚的道德。"(梁启超,1999:4023)个体利益和群体利益同样受到关注,并且两者的共同实现才是高尚道德的真正内涵与目的,从而缓和了原本两者间的矛盾和紧张。梁进而运用创造进化论论述个人与社会的关系,"个人力大耶?社会力大耶?必先改造个人方能改造社会耶?必先改造社会方能改造个人耶?认社会为个人而存在耶?认个人为社会而存在耶?据吾侪所信,宇宙进化之轨则,全由各个人常出其活的心力,改造其所欲至之环境,然后生活于自己所造的环境之下。"(梁启超,1999:3694)以"心力""改造其所欲至之环境"是梁启超对创造所阐发的定义,他通过创造性观念强调了个人的主体性和能动性,指出个人与团体是一体的,二者相互作用、唇齿相依。

梁用创造进化论阐释个体创造与文化发展之间的关系,也用相同的方式阐释国民与国家的关系。他认为文化发展是个人创造的"共业",人类以"心能"进行创造或模仿的活动是"业种",而创造力的积累和发展得以结晶便是"业果",文化因此得以积累而进步。"文化者,人类心能所开积出来之有价值的共业也。"(梁启超,1999:4062-4063)同样,国家的命运是个人力量的"共业",因此国民团结推动国家进步。"……国家之盛衰存亡,非运命使然,实乃由全国人过去之共同业力所造成,而至今乃食其依报者也。"(梁启超,1999:2032)梁启超对国民与国家关系的理解与对创造进化观念的理解相互贯通一致,其中都强调个人力量的集结对群体与社会的进步产生巨大的推动作用。同时,梁启超论述,人类生活的根本意义自然是保全自己、发展自己,而想要发展自己,唯一的方法是提升社会的力量;然而社会的力量本是由每个个人化合而成,因此提升社会力量的唯一方法是要发展自身,这就是"意力和环境提携便成进化"的道理。

由上来看,创造进化论不仅提供了具有主体性和能动性的人格形象,也提供了个体与群体之间"你中有我、我中有你"的关系模式,使梁启超可借以阐释个人与团体、国民与国家的关系,将两者连为一体,成为彼此需要、命运与共的关系。

(三)"创造性的人"调和天下观与现代国家观念

同时,梁启超认为中国社会形成国家观念、培养国民意识的重要阻碍,在于天下观与国家观念相冲突,中国传统价值观"不知国家与天下之差别"(梁启超,1999:413)。"天下观"对世界的认识与西方不同,比起"国家"这一界限分明的政治统一体,"天下"是一种开放性、包容性的文化体系(杜赞奇,2009)。在这样的体系中,个人修身、齐家、治国、平天下,自我实现的范畴层层扩展,"以平天下为学治之终鹄",即"天下"才是治学、为人的最高境界之所在。现代国家的特点是内外界限分明,团结与排斥由此截然不同。"内吾群而外他群,是之谓一群之我。""故凡结集一群者,必当先明其对外之界说,即与吾群竞争之公敌何在是也。"即需要明确"吾群"与"他群"的区别、站在"吾群"的立场上一致对外(梁启超,1999:694)。然而天下观以天下为目标,现代国家所追求的止于国家范围之内的认同,并不受到传统价值观的鼓励和推崇。"于天下之中而别私其国,非先圣之所贵也。"(梁启超,1999:2389)因而天下观是一种近似于世界主义的观念,在此视域之下,作为现代国家成员明确区分人我之别、维护国家利益的观念难以产生。"畴昔所谓国者，尽溶解于此世界主义中（即天下）而无复存，如是者二千年以迄于今。"（梁启超，1999：2389）

以天下为个人发展的终极目标，使得中国社会国家的定位和意义较模糊，个人作为国家成员的角色认知较为薄弱。"昔者吾中国有部民而无国民，非不能为国民也，势使然也。……耳目所接触，脑筋所濡染，圣贤所训示，祖宗所遗传，皆使之有可以为一个人之资格，有可以为一家人之资格，有可以为一乡一族人之资格，有可以为天下人之资格，而独无可以为一国国民之资格。"（梁启超，1999：657）从一家之人、一乡一族之人到"天下人"，成员所属的群体范围层层扩大，但国家在这扩大的层级中却不具有特别的重要性。于是"其不及焉者，则其眼光所及，在彼位于国家以下之一级，知有家族、部落、市府而不知有国家，其过焉者，则其眼光所及，在彼位于国家以上之一级，知有天下而不知有国家"（梁启超，1999：2389）。传统天下观中个人与社会之联系范围的扩展性特点，影响了界限分明、成员资格清晰的现代国家观的形成，使中国社会缺乏明确的内外差别和国家认同。

基于以上，蕴含着世界主义精神的天下观，被明确视为阻碍了建立国家观念和培养国民意识，抑制了中国的进步。"是故国家主义也者，内之则与地方主义不相容，外之则与世界主义不相容者也，而我国人爱国心之久不发达，则世界主义为之梗也。"（梁启超，1999：2389）而创造性观念使国家与"天下"得以调和。柏格森的创造进化论认为，创造活动中同时包含着个体化的趋向和与其他成员联合的趋向，因而通过创造活动，个人的自我利益与群体的进步可以共同实现、相互促进，两者之间的矛盾与张力得以消解；并且社会群体一旦形成，会将联合起来的个体溶解为一个新的有机体，以使该群体变成一个新的个体，从而再度成为一个新的更大联合体的组成部分（柏格森，1999：220-221）。创造冲动的需求和满足，不仅促使个体结合成为社会群体，也推动群体作为新的个体，将个性化趋向与联合趋向得以结合而实现平衡。

这种经由创造而形成的个体与群体、小群体与大群体的有机结合，为梁启超提供了将世界主义与国家观念统一起来的策略。梁启超阐述个体汇聚为国家，而国家作为一个新的独立的个体，再次汇聚将促成全人类的进步发展，于是个人、国家、世界可以在新的认知方式下联通起来。"为什么要有国家？因为有个国家，才容易把这国家以内一群人的文化力聚拢起来继续起来增长起来，好加入人类全体中助他发展。所以建设国家是人类全体进化的一种手段。……明白这道理，自然知道我们的国家，有个绝大责任横在前途。什么责任呢？是拿西洋的文明，来扩充我的文明，又拿我的文明去补助西洋的文明，叫他化合起来成一种新文明。"（梁启超，1999：2986）依照创造促进力量不断连接化合、渐次扩大进化的观点，梁启超论述现代国家与"天下"的递进关系。

并且，这种阐释方法保留了天下观以世界为终极目标的传统取向，使国家可以继续向世界主义延伸，符合传统认知模式中不断扩展的世界观。梁启超对青年呼吁"人生最大的目的，是要向人类全体有所贡献。……因为人类全体才是'自我'的极量，我要发展'自我'，就必须向这条路努力前进"。即仍以世界主义为目标，国家的意义便在于促进达到"天下"境界、有助于"平天下"的途径和手段。"……就此说来，一个人不是把自己的国家弄到富强便了，却要叫自己国家有助于人类全体。不然，那国家便算白设了。"（梁启超，1999：2986）利用创造进化论的思路，梁启超保持国家与世界在同一向度上的递进关系，并且使国家具有了独立性和重要性，天下观与国家观念的冲突从而得以缓解。柏格森的创造进化论为梁启超提供了建立现代国家观念、国民意识的一种理论依据。

梁论述天下观与具有明确内外界限并具有主导地位的国家观念无法契合。创造进化论认为个体结合而成的群体，会将联合起来的个体溶解为一个新的有机体。也就是说，通过创造活动，个体汇聚形成的团体可以不断扩大，同时每一个团体又具有自身的独立性，这个有机体的目的在于，能够再度结合而构成更大的联合体。于是国家这一群体既不违背天下观对其定位的扩展性特点，又获得了相对明确的内外界限，满足现代国家间竞争的要求。创造性的人意味着一种个体与群体、局部与整体的关系，即相辅相成、相互需要的关系，个人与国家、国家与世界之间的种种矛盾可以由此调和。

（四）梁启超的创造性主张与中国社会关系结构

关于梁启超的创造性观念与社会群体，在梁启超的论述中，作为创造者所提及的是"人人""人类"，泛指普遍的社会成员，没有特定的群体或清晰的社会角色作为创造主体而出现。但他指出欧洲的文明已经与 18 世纪之前有着根本的不同，从前的文明是贵族的文明，靠少数拥有特别的地位和特别天赋的人维持；如今是群众自发创造的文明，"是靠全社会一般人个个自觉日日创造出来的"，是群众化的创造。他主张和促进建立国民对现代国家的认同，也是基于对当今世界竞争的关键在于国民力量这一认识，旨在"唤起多数国民之自觉自动"（陈独秀，1916）。因此，梁启超在创造性观念的论述中所指向的，是能够促成整个国家民族进步的普通民众，是他期待转化为现代国民的"一般人"。"开民智"为维新运动的重要内容，梁启超也主张"欲维新我国，当先维新吾民"，创造性观念进一步显示出中国近代文化精英的社会改革方案将关注的目标从上层制度转向普通民众，它既代表着民众力量的重要性在文化精英的视野中日益浮现，也是文化精英试图在新的现代国家、现代团体框架之下将民众组织动员起来的一种途径。

梁启超是中国最早提出现代国家观念的人（费正清等，1994），共同体观念及其在道德上的优越性始终受其关注（汪晖，2004：948），在他的思想中占有重要的地位。对创造进化论的接受和运用，帮助他在塑造和培养中国现代国民的过程中，消除社会成员在认知模式和心理、情感上的障碍，克服天下观与现代国家观的差异，克服现代团体与个人之间关系伦理的缺失。柏格森创造进化论的介绍和梁启超的借鉴和阐发，通过对人性本能需要的重新阐释，树立中国社会对现代国家的认同，促进国民动员，以实现中国在世界政治秩序中的发展和图强。

梁启超所致力建构的是以国民自主为核心的共和主义的"公民共和国"，他一直思考如何从"天下"转为国家的问题（许纪霖，2005：254-

256），即以何种原理形成国家与国民的关系，建设具有对外竞争力和对内凝聚力的现代国家。柏格森的创造进化论代表了"一战"后西方对现代性的反思，强调主体的能动性，以创造为社会进步和群体结合的核心要素。这契合了梁对国民建构的问题意识。他从创造进化论中取来个体实现与整体进步通过创造而相互促进的意涵，找到将个人与国家、国家与世界联结互动的立足点，使个体与群体、局部与整体在活力与进步的面向上彼此相辅相成而有机结合，以消解中国国民国家形成过程中的障碍因素：第一，群己关系的紧张和规范缺失，第二，天下观所蕴含的世界主义观念与国家观念的冲突。而这两个问题源于中国社会注重"修齐治平"的自我建构模式以及差序格局所表现的自我本位的社会关系模式。

费孝通（2004）论述，西洋社会组织由若干人组成一个个团体，团体有一定的界限，团体的内外分得很清楚；中国传统社会关系结构的特点是"差序格局"，在差序格局下，每个人都以自己为中心结成网络，从己到天下一圈一圈推出去。现代国家在差序格局与团体格局中的意义不同。差序格局中，从己到家，由家到国，由国到天下，是一条通路。但这里的国是中国古代意义的国家，并不具有明确的界限和高于一切的价值。西方的国家则是一个超过一切小组织的团体，为这个团体，上下双方都可以牺牲，但不能牺牲它来成全其他种类的团体。费孝通指出，这种具有明确界限和最高价值的现代国家观念，在中国乡土社会中是没有的。

梁启超将国家作为一种群体形态，批判中国传统社会以自我为本位的伦理中缺乏群体意识和群己关系的伦理，同时天下观所形成的世界主义阻碍了内外界限分明的国家观念与国民意识的建立，指出儒家伦理以个人为中心向外扩展的关系原理与现代国家原理之间的分歧。从社会关系结构的角度来看，梁启超所分析的阻碍国家观念与国民意识形成的两大原因，即层层扩展式的天下观与缺少"群性"，正是费孝通所指出的差序格局与团体格局之间的分歧和矛盾。对此，创造进化论的导入符合近代国民形成过程的需要，它为调和中国传统世界观和人际关系伦理与现代国家原理之间的矛盾，提供了一种逻辑思路和论说策略。"创造性的人"不仅强调个体自由意志和进取性，注重个人对环境积极作用的能动性；还由此产生个体对现代国家的需求、现代国家认同与世界主义观念之间的协调一致。梁所主张以国家为社会生活的核心，建立国家观念和国民意识，培养"群性"和"公德"，是从差序格局向团体格局的转换；创造性观念的导入调和了国家主义与世界主义，将个人的自我实现与群体的进步相结合，便是对差序格局与团体格局之间的差异进行协调。因而可以说，梁启超借用创造进化论的观念打通了差序格局与团体格局的隔阂，为社会关系结构的变迁中伦理标准的转换与社会角色的过渡寻求动力和依据。

由此来看，创造性观念是梁启超所代表的文化精英为建立现代国家、进行国民动员的思想策略，它的导入也是在中国社会关系结构的转型中，寻求过渡与转变同时维持自我整合的一种方法。与形成新文化运动核心、全面反传统的第二代知识分子相比，梁启超更着眼于儒家个人本位的伦理秩序与国家这一团体结合原理之间的相互调和，创造性观念成为将两者联结贯通的一种途径。"创造性"这一人性内涵的认知、人格形象的阐释，旨在促进社会关系模式、伦理规范的转化更新。林毓生（1988：168-174）认为，五四新文化运动时期批判中国传统社会与文化，但其中仍延续儒家"借思想、文化以解决问题"的思想。梁启超对创造性观念的导入和从国民观念意识入手进行社会改革的主张，也体现出这一思想的特点，但从其社会秩序的建构方式来看，其中延续的是良好社会需由具有道德自觉的个体推扩而出这一认知模式，试图通过人性认知的重构改造个体进而形成现代国家认同。

本章考察显示，梁启超从有关创造性的外来价值观念中获得一种实现传统伦理同现代伦理相互调和的方法，从而得以在差序格局的基础上促进国民意识的形成，推动建立中国现代国家。这表明对于中国来说，某些西方价值观念的引入并非单纯地谋求现代性，也在于借其思想资源，缩小传统模式与西方模式之间的隔膜和分歧。关于梁启超创造思想的考察揭示了观念与社会变迁之间的另一侧面：观念的作用不仅在于它直接表述的内容，还在于它的理论模式可以成为一种调节社会关系的资源，对两种社会关系结构进行整合，消解其中的冲突并推动新的关系结构得以纳入；因而社会关系转型也并非从"传统"到"现代"的简单切换，借助新的观念话语，两种关系模式达成暂时和解而得以共同留存。

二、"创造性的人"与社会团体组织
——对梁漱溟的考察①

梁漱溟被视为"文化保守主义"的代表人物，其创造性观念主要受到柏格森的创造进化论和罗素的《社会改造原理》的影响。其创造性主张被视为"反本开新"，即在新的条件下继承和发扬传统，复兴儒家文化（高瑞泉，2005）。本节对梁漱溟创造性观念的内涵进行考察，从社会结构的角度分析其思想的语境以及创造性观念的作用与角色，探寻梁漱溟如何将柏格森和罗素的创造思想与儒家传统的复兴相联系？他又是在什么样的关系结构中，出于何种意图主张创造？本节的分析材料主要基于《梁漱溟全集》，其中综合收集了梁漱溟的主要作品和言论，此外还包括其他与梁漱溟创造思想有关的文本材料。从整体上看，梁漱溟在其代表作《东西文化及其哲学》一书中介绍和参考了罗素关于"创造冲动"的观点，但他对创造性观念的论述和阐发主要集中在有关乡村建设运动的文献之中。

对于梁漱溟来说，创造性观念的运用与他所进行的乡村建设运动密切相关。在汲取罗素的"创造冲动说"和柏格森的创造进化论的基础上，梁漱溟将创造活动分为"成己"和"成物"，作为其动力的创造精神，主要涵义是人生向上创造和个人潜能的"尽性"。梁漱溟将"创造"作为一种人生态度、人生理想而论述，与梁启超推动形成现代国家认同的宗旨有所不同，梁漱溟侧重于将"创造性的人"作为建立中国团体组织的出发点，号召知识分子发动农民力量。梁漱溟的创造性观念与其建立团体、形成阶层联合的社会

---

① 本节部分内容曾发表于《求索》2012 年第 4 期，原文题为"梁漱溟的创造思想与中国社会团体组织的建立"。

改革方案紧密相连。

（一）梁漱溟创造观念的主要内容

1. 作为人生态度："创造冲动""刚""向上"

罗素（1959：138-139）在其《社会改造原理》中认为，人类行为的动力来自两种冲动，即"创造冲动"和"占有冲动"。创造性的冲动是"创造一些不经创造不会有的东西"，意味着把一件好的东西放到世界里去；占有性的冲动"针对取得或保全已经存在的东西"，意味着取得或保全某些好的东西使别人不得享受。罗素主张创造冲动带来积极和善行，促使社会进步；占有冲动带来争夺和罪恶，使个人与社会蒙受不幸。他认为在道德上和政治上，创造冲动和占有冲动是对立的，在政治和私人生活里的最高原则都应该是"促进一切创造性的东西从而减少围绕着占有的冲动和愿望"。因此，最好的生活是"创造性的冲动占最大的地位而占有性的冲动占最小的地位"；最好的制度是能够产生最大可能的创造性和最少的占有性的那些制度。

对应于罗素的创造冲动，梁漱溟（1989a：537-538）提出应该复兴孔子所说"刚"的态度。他区分"欲"和"刚"的差别，指出"欲"在于占有，与罗素的占有冲动相类似，而"刚"与罗素的创造冲动相一致，主张去除"欲"，增进"刚"。他认为"刚"的态度所要求的，"不过是要大家往前动作，而此动作最好要发于直接的情感，而非自欲望的计虑"（梁漱溟，1989a：537）。他倡导罗素的创造冲动的依据是"含融了向前的态度，随感而应，方有所谓情感的动作，情感的动作只能于此得之。只有这样向前的动作才真有力量才继续有活气，不会沮丧，不生厌苦，并且从他自己的活动上得了他的乐趣。只有这样向前的动作可以弥补了中国人夙来缺短，解救了中国人现在的痛苦，又避免了西洋的弊害，应付了世界的需要……"（梁漱溟，1989a：538）创造冲动与"刚"，强调"向前的态度"、"向前的动作"，即积极进取的心态，认为这能使个人获得活力和乐趣，进而对社会产生积极的作用，是中国复活的唯一途径。"只有昭苏了中国人的人生态度，才能把生机剥尽死气沉沉的中国人复活过来，从里面发出动作，才是真动。中国不复活则已，中国而复活，只能于此得之，这是唯一无二的路。"（梁漱溟，1989a：539）梁漱溟用中国古典话语阐释和主张西方观念，并且与梁启超同样，将个体人生态度的改变视为改造中国社会的途径。

在梁漱溟创造思想的阐述和运用中，也可以看到柏格森创造进化论的影响。梁漱溟用"向上"一词突出其中对积极进取的价值取向，它经常与创造一同使用。"生命是什么？就是活的相续。活就是向上创造。向上就是有类于自己自动地振作，就是活……""向上"成为与创造同意的词汇而常与之共同出现，代表着不满足于现状、追求进步的开拓精神。"向上创造就是灵活奋进，细分析之可有两点：①向上翻高；②往广阔里开展……生物进化史、人类文化史，处处都表明这向上与扩大。以至现在我们要好的心、奔赴理想的精神，还无非是这回事。"（梁漱溟，1989a：89）这正是创造进化论的观点表述。与"刚"强调向前的态度、向前的行动一样，"向上"也指自觉的进步愿望，是"要好的心""奔赴理想的精神"。梁漱溟的阐发结合了罗素的创造冲动说和柏格森的创造进化论，通过"刚"与"向上"所论述的创造性是一种非功利性的进取心，被称为"生命力最有力量的地方"。与梁启超相似，梁漱溟的创造观念主要着眼于人生态度，希望唤起奋发向上、开拓进取的精神。

不过，梁漱溟关于创造冲动学说的主张和运用更多地出现在 20 世纪 30 年代有关乡村建设运动的言论之中，此时阐述的焦点发生变化，也涉及更广泛的内容。1937 年出版的《乡村建设理论》中，梁漱溟积极介绍并运用这一观点，批判当时的社会制度。"现在的社会制度，一面制造罪恶，一面更妨碍人类美德的发挥。罗素之反对现社会制度，即由此立论。他将人类行为的源泉，多放在冲动（impulse）上；而冲动则分为创造冲动与占有冲动两种。人类一切的善，都从创造冲动来；而一切的恶，皆出于占有冲动。现社会最不得了的就是助长人的占有冲动，减煞人的创造冲动。"（梁漱溟，1989b：415-416）梁漱溟通过社会对占有冲动与创造冲动的作用来抨击社会现实，认为只有推翻资本社会，使一切创作过程脱离商品化，人们心理上对利润的追逐减弱，才能依据真正的志向和兴趣"发挥优美的个性及创造的天才"。进而，他将罗素的"创造冲动"视为建设理想社会的基础条件，是衡量社会是否完善合理的基本标准。"理想社会之所以能达于美善境地，就在其解除生存竞争的压迫，给人以创造的机会；人类生命中所有的聪明与德性，由群趋于创造而表现出来。因此要紧的就是这理想社会的基础条件；有此，便可以有一切。"（梁漱溟，1989b：416）也就是说，创造冲动是具有道德价值的人性需求，理想的社会需要满足人们的这种需求，才能形成良好的社会秩序。

2. 作为人生意义：成己、成物、尽性

在柏格森创造进化论的影响下，梁漱溟主张创造是人生意义之所在。他论述从宇宙、生物的进化来看，只有人类还具备创造的能力，因而人类是"宇宙大生命"的代表，担负着创造的使命。"宇宙是一个大生命。从生物的进化史，一直到人类社会的进化史，一脉下来，都是这个大生命无尽无已的创造。一切生物，自然都是这大生命的表现；但全生物界，除去人类却已陷于盘旋不进状态，都成了刻板文章，无复创造可言。其能代表这大生命活泼创造之势，而不断向上翻新者，现在唯有人类。故人类生命的意思在创造。"（梁漱溟，1989b：91）他沿着柏格森的思路，认为随着创造成果的积累，可以使人不断节省力量，并在此基础上继续开拓而进化；同时根据罗素的创造冲动说为其赋予道德价值，即创造得以累积和扩展的过程也意味着人类善行与真理的增加。"一步步向上创造，一步步机械化，再一步步地开展去；生命就是始终如此无目的地向上创造。人类的向善心，爱好真理，追求真理，都从此一个趋向而来，不是两回事。"（梁漱溟，1989b：88）

基于柏格森与罗素两种观点的结合，梁漱溟将创造的成果分为两种：成己和成物。"成己就是在个体生命上的成就，例如才艺德性等；成物就是对于社会或文化上的贡献，例如一种新发明或功业等"。他认为任何一

个创造，大体都包括成己与成物这两方面的内容。成物一般表现于外，是"外面的创造"，可促进社会进化；而成己为"内里的创造"，代表道德见识的提升，旁人不易从表面看出。"只有那自己生命上日进于开大通透，刚劲稳实，深细敏活，而映现无数无尽之理致者，为成己。"（梁漱溟，2010：92）关于成己与成物的关系，他阐述道："人类文化一天一天向上翻新进步无已，自然是靠外面的创造；然而为外面创造之根本的，却还是个体生命；那么又是内里的创造要紧了。"（梁漱溟，2010：92）可见对他来说，文化的进步靠"成物"实现外在创造成果的积累，但"成物"源于个体的态度和活动，因此"成己"比"成物"更为根本。这也是将创造与儒家传统相联系而阐发。"成己""成物"的说法来自"四书"，《中庸》里有"诚者非自成己而已也，所以成物也"，就其关系来说，"成己"是根本，"成物"是延伸，"成己"是"成物"的基础和条件。因而梁漱溟对创造的两种分类以及对二者关系的定位，与儒家的概念和逻辑相一致。

与之相应，对于梁漱溟来说，创造的意义比起创作文章、发明技术，更重要的在于充分发挥自己的才智，他用中国传统的语汇将其表述为"践形尽性"，即把个人身上的可能性发挥尽致。"要知道人的意义是在创造；这个创造，是创造什么？不是一篇好的文章，或者有一点科学发明就算了事，要紧的创造是开发它身上的那个可能性，把本身上的可能性能够圆满的发挥尽致就对啦！"（梁漱溟，1989b：265）梁漱溟论述，所谓人生的意义在于创造，就是指应发挥个人"本有的伟大""本有的高明"，用古人的话来说，就是"践形尽性"四个字（梁漱溟，1989b：266-267）。梁漱溟指出中国两个重要学派——儒家与道家都以生命为其根本，主张充分表现生命自然，个人应发挥本性，尽量实现自己原有的可能性，认为西方当时的思潮与中国传统思想殊途同归。（梁漱溟，2010：141-142）

综上所述，梁漱溟创造思想的主张主要用"刚"的态度阐述罗素用创造冲动战胜占有冲动的主张，倡导积极向上的人生态度；以"成物""成己"区分创造的两种成果，倡导人生的意义就是通过创造使个人"尽性"、充分发挥才能。梁漱溟以中国传统思想的概念或语汇替换、阐发西方的创造性观念，试图将来自柏格森、罗素的创造思想与儒家传统相互接合联通。梁漱溟指出的中国社会的核心问题有两个，"一是那历久不变的社会，停滞不进的文化；一是那几乎没有宗教的人生"（梁漱溟，1989c：64）。创造所蕴含的"尽性""向上"倡导个体不满足于现状、追求自我进步的进取态度，部分就是针对造成中国社会停滞的消极、懒散、保守、缺乏活力等问题。即人生是应当努力向上，去圆满，去发挥，去享用天所给他的机会，进而阐发"生物进化到现在，其他一切的生命都落于不进；只有人类是开出来一个很大机会，所以人生的意义，就在不辜负他这个机会，不辜负天给他的这个可能性……"

由此来看，这符合思想史研究所指出的，创造性观念的兴起在于批判消极天命观以及梁漱溟的创造观阐述中复兴了传统话语。但从社会结构变动的角度来看，更重要的是分析梁漱溟创造观这一观念在当时的社会变动中意图扮演何种社会角色。关于创造冲动，梁漱溟在20世纪20年代初的阐述重点在于从个人的人生态度寻求社会问题的改善，着眼于个人对社会的作用；30年代的论述则增加了对社会制度的批判，作为一种理想社会的条件，开始着眼于社会与个人之间的相互作用。尤其在30年代以后，关于创造的阐述增多，其主张和涵义有了发展和变化，要理解其观念的意义和指向，还需深入分析梁漱溟在乡村建设运动中的相关话语文本。

(二) 梁漱溟乡村建设运动中创造性思想与团体组织的建立

梁漱溟关于创造思想的阐述和主张集中于《朝话》《乡村建设理论》《中国民族自救运动之最后觉悟》之中，这三部作品都是梁漱溟在山东进行乡村建设运动时期的言论和文章，因而其创造性观念的主张和阐发与乡村建设运动有着密切的联系，要理解创造性观念的角色，需要从乡村建设运动的分析入手。

梁漱溟于1931年与梁仲华等人在邹平创办山东乡村建设研究院，直到1937年抗战全面爆发，研究院撤走。乡村建设研究院分为三部分，第一部分叫做乡村建设研究部，招考大学毕业生或大专毕业生，两年毕业，共培训了两期，学员毕业后大多分配到实验县担任科长和辅导员等职务。《乡村建设理论》和《中国民族自救运动之最后觉悟》是其培训的主要教材。第二部分是乡村服务人员训练部，负责培训到乡村服务的人才，每年招考初中毕业生或同等学力者，每期一年结业，共培训了四五期。结业生各回原县，担任各县乡村建设的骨干工作。主要课程包括乡村建设理论、农业知识、精神修养（"精神陶炼"）等科目。第三部分为乡村建设试验区，在邹平进行实验。此外，乡村建设研究院还于 1935 年成立了乡村建设师范学校，地址在研究部内，梁漱溟曾任校长。乡村建设师范学校的目标是培养乡村教师，其课程除普通师范的课程外，还包括乡村建设理论、乡村教育和精神修养等科目。（杨雅彬，2001）

　　创造性观念的主张集中于《朝话》《乡村建设理论》《中国民族自救运动之最后觉悟》三部文本中。其中，《朝话》是 1932—1936 年梁漱溟面向山东乡村建设研究院研究部的历届同学，在朝会时讲话的笔录集成。《乡村建设理论》又名《中国民族之前途》，1937 年由山东邹平乡村书店出版，是面向山东乡村建设研究院中乡村建设研究部、乡村服务人员培训部以及乡村建设师范学生的教材。而《中国民族自救运动之最后觉悟》也是该研究院的教材之一。这三部作品都是梁漱溟作为乡村建设运动的领导者，对研究院所培训的学员进行教育的一系列言论。作为其中的一部分，创造性观念的阐述和主张也是乡村建设运动的领导者面向未来将进入农村工作、服务于农村的年轻知识分子的思想引导。

　　在对学员的朝会讲话中，梁漱溟介绍了罗素的创造冲动与占有冲动、区分创造活动的"成己"与"成物"、主张创造的意义在于尽性、向上。这不仅是对学员们的思想鼓动，也是要通过学员向农村基层民众进行宣传、引导，促进农民的合作运动。梁漱溟用如下的步骤进行论述（梁漱溟，2010：106-107）：要为农民着想、帮助农民争取利益，就不应仅仅关注物质利益。那么什么是利益，"利益就是好处，能增进人生趣味者，便是好处"，而人生乐趣何在？有两点：第一是"和气"，人际关系和谐，彼此感情好，"融成一体之情"；第二就是创造，梁漱溟这里用"努力"来解释"创造"的意思。"说得平常些就是努力，用我们的身体或心思向前去干一些事情，于工作上有自得之乐。"他认为对于农民来说，创造一词比较隔膜而陌生。"若通俗点向农民说，就是和气与勤勉；说创造恐怕他不懂。"进而，梁漱溟通过创造精神鼓励相互合作："合作不应单属于经济的范围。合就是和气，作就是创造。由此合作，以谋进一步的人生乐趣。"

由上可见，梁漱溟在设想面对农民时，一是极力用浅显易懂的词语说明创造；二是通过将创造表述为"人生乐趣"这一个人化的情感和体验，得以从农民个人利益的角度出发倡导农民团结合作。前者旨在使"创造性"更易于为农民理解和接受，后者把集体合作与个人心理感受相联结，主张团体与个体利益相一致。梁漱溟面对研究院学员的这种教导，是要通过学员们未来进入乡村的工作，将创造性观念的意思传达给农民并使这一观念在农民中深入人心而发挥作用。而他希望这一观念发挥的作用，是促进建立团体组织。

梁漱溟指出"现在的世界完全不能走从前普通的路子，非给大多数人解决问题不行了！"他认为，中国大多数是农民，因此解决中国问题的途径在于农民运动，搞运动的方法是要组织训练农民，启发农民自己的力量，使农民自己能解决自己的问题，"用农民自己的手来达到农民自己的要求"（梁漱溟，2010：106）。他认为要实现这一目的，必须建立中国的团体组织，对农民倡导创造性观念的宗旨也在于此。在《乡村建设理论》中，梁漱溟阐述了进行乡村建设运动的目的。除了拯救乡村的衰败、唤起乡村自救、振兴中国经济之外，更为重要的是从乡村建设中为中国寻求一种新的社会组织结构。"乡村建设实非建设乡村，而意在整个中国社会之建设，或可云一种建国运动。"他将这一点视为最深刻、最根本的一个目的。（梁漱溟，1989b：161、270）

梁漱溟认为中国最关键的问题是社会组织结构的过渡和转型问题。其解决思路是：为了解决社会危机需要建立团体组织，为建立团体组织需要改变人生态度，为改变人生态度需要倡导创造性人格。"千年相沿袭之社会组织构造既已崩溃，而新者未立"。旧的结构被推翻，新的结构没有建立，造成"东不成西不就"的局面，"不是有一个不平等的秩序，而是没有秩序"。社会关系规范混乱、社会秩序缺失，他将其称为"文化失调"，视为中国难以进步而日渐沉沦的关键所在，认为其影响之大超过了国际因素和社会成员的个人因素。"外界问题虽是有的，但中国内部问题大过外界问题；个人问题虽是有的，但社会的不健全大过个人的不健全。"（梁漱溟，1989b：163）并指出正是这个根本性的问题造成了其他弊病，如政治的无力就源于它是社会结构的一部分，要解决政治问题，必须先从重建中国社会结构入手。为此，梁漱溟将目光投向团体组织的建立。

他认为中国传统社会结构之所以崩溃而造成当时的混乱失序，一个重要原因是缺乏团体组织。西洋近代社会为个人本位的社会、阶级对立的社会；而中国传统社会是伦理本位、职业分立，社会秩序得以维持的途径在于"教化、礼俗、自力"。旧的社会结构的崩溃显示出中国文化的弊病，即"散漫、消极、和平、无力"，而西方社会由于其集团的、积极的、斗争的、强有力的特点而得以占据优势。梁漱溟认为中国文化最重要的失败之处可归结为两点：一是缺乏科学技术；二是缺乏团体组织。而科学技术的缺乏也源于团体组织的欠缺，因此缺乏团体组织是造成中国文化失败的根本。他论述中国社会缺乏对团体组织的认知和重视，从个人到天下，可分为四个层级，其中对于中国人来说重要的是家庭和天下，而对西方人来说重要的则是个人与团体。团体的缺失造成两个弊端，一是"短于集团生活而散漫无力"；二是"短于对自然界的分析认识，不能控制自然，转而有时受制于自然"（梁漱溟，1989b：197）。当西方的组织原理进入时，中国社会更失去原有组织条理，丧失应付环境的能力。因此解决中国问题的关键是建立团体组织的关系规范及其伦理依据。

进而，梁漱溟寻求建立团体组织原理的途径着眼于人生态度的改变。他分析中国缺少团体组织和秩序混乱的根源在于"人生理想的不健全"，是由于"根本人生上我们有缺欠"。他认为这种人生态度的问题不仅表明中国文化的"老衰性"和"幼稚性"，还意味着需要在精神方面与西方进行调和。"中国之所以乱，所以没办法，就是因为中国人的神情态度与西洋人的神情态度得不到调和，彼此之间，很有些距离，找不出一个可以彼此沟通之点。……要从其矛盾不通之中，找着一个相通之点，而理清头绪，然后新的组织构造才有根基。"（梁漱溟，1989b：240-241）这些显示，梁漱溟将东西方人生态度的沟通融合，视为建立中国团体组织的前提和基础，他进行乡村建设运动就是要寻找到两者的相通之处，在此基础上尝试建立一种新的社会结构。

而梁漱溟找到的东西方人生理想"彼此沟通之点"，就是"创造"。他论述孔子的"刚"与罗素"创造冲动"相一致，而柏格森创造进化论主张的"尽性""向上"，也是中国古人所贡献的人生态度。他认为西方所具有的积极态度，与中国传统价值观中人生向上的倡导，两者相通，且有益于改善当时中国社会的消极风气，可以成为建设新组织的基础。如梁漱溟在 1922 年出版的《东西文化及其哲学》中介绍罗素关于两种冲动的主张，认为罗素的思想代表着西洋社会面对危机进行反思，转而"便寻到了孔子的路上来"，认为排斥占有冲动、增进创造冲动的主张与中国"生而不有，为而不恃，长而不宰"相近，罗素"实在和孔家有同一的旨趣"（梁漱溟，1989b：507-508）。梁漱溟认为"他（罗素）的旨趣只是'自由生长'一句话，而孔家要旨也只在不碍生机"，并指出罗素改造社会的观点是要求新的人生哲学，"改辟较合理的一条人生的路"，而在这一方面孔子早已开启先河。因此，以罗素为代表的当时西方思潮的变化，在梁漱溟看来是中国式价值观对西方价值观的胜出和取代。这种看法与他主张应该"批评的把中国原来态度重新拿出来"（梁漱溟，1989b：528）相呼应。

梁漱溟对罗素创造冲动和孔子"刚"的主张也呈现出由个人同外推及的思路，与新文化运动时期其他思潮相类似，认为倡导个人态度的改变可以带来整个社会的振奋与进步，强调个人的生活态度所具有的社会意义。因而，如下文分析所示，他以中国传统思想的概念或语汇替换、阐发西方的创造性观念，将来自柏格森、罗素的创造思想与儒家传统相互接合联通，较之于复兴中国文化传统而"返本开新"的保守主义倾向，更旨在寻求一种东西共通且积极进步的人格特质，作为建立中国团体组织的基点。"创造性的人"代表梁漱溟在对东西文明进行反思的基础上，对更为理想的文明秩序的探索。

(三)"创造性的人"与团体组织的建立

梁漱溟通过乡村建设运动寻求建设新的社会组织结构，并不诉诸制度的建设，而将其视为建设新的礼俗。在梁漱溟眼中，新组织结构是一种新礼俗，他强调新组织不会由法律建立，因为新组织靠的不是国家权力，它要由社会自己探索而形成。而新组织、新礼俗应该据以建立的方式，如上所述，是东西方的沟通调和，即中国固有的精神传统与西方文化长处的融合。他认为这既是努力的方向，也是"不期然而然"的必然趋势，未来的中国社会必然是"中西具体的融合"(梁漱溟，1989b：279)。梁漱溟指出进行调和的必要性主要在于成员的参与态度和对团体-个人关系的理解。他认为中国人缺乏团体组织，但并非反对团体组织，所以基本上不存在冲突的必然性。冲突主要发生在中国团体成员被动消极的态度与西方团体成员积极参加的态度之间，以及围绕个人的权利与自由的认识问题上。对此，他以人生态度的价值取向为依据，论述中国伦理本位与西方个人本位之间的沟通调和。

1. 创造中的"向上"与团体组织的整合

针对成员对待团体组织的消极性，梁漱溟认为应倡导人生向上创造，促进对团体的参与融合，同时他并不把这种消极态度完全归结于中国传统文化，认为生硬地移植西方制度模式也是重要的原因。他批判当时政府仿效西方而推行地方自治，认为这种自治从个人本位的权利出发而不从人生向上出发，注意事情而不注意人，违背了中国文化中伦理情谊和人生向上的宗旨。他指出模仿西方彼此牵制以求均衡的组织方式，容易造成对抗关系。因此主张重新重视中国的传统乡约，因为它充满了中国人的精神——人生向上，即追求人格与生活不断进步完善。"人生向上，志气的提振，这是乡约的一个根本。"(梁漱溟，1989b：331)梁漱溟指出，只有从人生向上出发，发挥伦理的作用，才能建立中国人的团体组织。因此提出借鉴乡约，实现中西的调和，促进团体成员的生机活力，主张乡村建设运动在组织乡村时，一上来就要提振志气，立志"改造社会，创造新文化，创造理想的社会，建立新组织"。"创造""向上"，是鼓舞人心、发动力量、促成团体组织形成的重要符号资源。

"如何发动人往前干的精神……如何让人活起来？则需发动中国人的精神；如何发动中国人的精神？则须借人生向上的力量，提振起志气来……要做到这一步，就更是一个精神问题、人生问题，或说是一个文化问题。如果没有人生，没有精神，则组织不能合理，也许根本就没有经济的进步。必须每个人都有志气、有活力、有生机，都是自动才行。"（梁漱溟，1989b：337-338）这里可以再次看到梁漱溟的论述思路：改变中国社会的途径是建立团体组织，建立团体组织的问题在于个人，而个人的问题在于精神、人生态度；因此，创造所包含的人生向上、发挥才能的涵义，提出人生态度的方向，通向了团体组织的建立，是变革重塑社会秩序的基础。梁漱溟将乡村组织对于经济建设的贡献归纳为八点，其中首要的一点就是"使农民的精神复苏而发动其进取心"。通过"创造"所代表的人生积极向上的意涵，梁漱溟希望唤起农民追求进步、改变现实的意志和活力，促成中国团体组织的形成。

梁漱溟指出，中国乡村的振兴，不能仅依靠政府的力量，必须将自身的力量动员和组织起来；中国农民运动的正当途径，就是一乡一村各自组织起来，能彼此联合，自动自发地追求进步。他强调创造的人生态度，主张向上与尽性，以鼓动基层民众积极参与团体生活，形成民众自身的组织与联合。因此，梁漱溟对创造性观念的运用和主张，是在政府力量之外，启发和培育社会的自发力量。

2. 创造中的"尽性"与团体中的个人自由

关于团体中个人的权利与自由，梁漱溟用创造性观念中"尽性"的涵义来进行说明与调和——团体给予个人自由是为了个人发挥才能，因此团体给予个人自由的程度取决于个人是否能够向上创造。"自由是团体应当给的。团体为什么给个人自由？是由于期望团体中的每个人都能尽量的发展他的个性，发挥他的长处，如不给以自由，将妨碍他个性的发展。且社会的进步，团体的向上，必从个人的创造而来；从此意思，团结必须给个人自由。因为自由是团体给的，所以可以商量，可多可少，不是一个固定的疆界。还有一个意思，不但自由的给多给少是可以商酌，并且必须是从为个人向上创造之意才给他自由，让他得发展他的长处。所以许给自由是有条件的；如其不合人生向上，发挥长处的条件，那么，还是要干涉他。简言之，你对，就许你自由；否则不能自由。"（梁漱溟，1989b：298）创造性是促进个体与团体有机结合的纽带，也是协调形成群己关系规范的目标和尺度。

梁漱溟指出，团体中的个人自由，是西方的长处，中国社会过去缺乏对自由的认识，并且从伦理本位的原理来讲，一切从对方出发，个人不应主张自己的自由。而以促进创造为团体的目标，可以构成中国伦理本位与西方个人本位的调和。首先，团体给予个体自由是为个体提供机会，使其发展个性、发挥长处，这合乎中国传统文化固有的人生向上之意；其次，团体为尊重个人而给个体自由，则自由是团体给的，从对方来而非自身的要求，这也合乎伦理本位的逻辑。根据创造进行阐释，个人的权利与自由既不违背传统伦理又与中国所崇尚的人生态度相一致，新的团体组织在旧有伦理的基础上成立，团体与个人的关系成为正当、合理、可接受的，更易获得理解和认同。

可见，梁漱溟创造性观念的阐发，意在基于中国社会伦理本位的关系模式阐释和接受西方基于个人本位而形成的团体组织原理。为了巩固这一调和，他指出中国努力的方向是建立和进入团体组织，而西方团体组织的变化趋势则是社会本位的重要性逐渐高于个人本位，"看重义务，否认权利"。东西方社会的情况日益接近而差距日益缩小，以此说明社会本位与个人本位的调和乃是大势所趋。

梁漱溟关于中国团体组织的构想，是从建立团体与成员之间的关系伦理入手，在父子、君臣、夫妇、朋友、兄弟这五伦的基础上，按照原有模式再增加新的一伦。因此，他所设计的中国式团体组织"是一个伦理情谊的组织，而以人生向上为前进的目标"，并指出这样的组织"以中国固有精神为主而吸收西洋人的长处"。由此可见，梁漱溟对中国团体组织的设计建立在东西方人生态度的调和上，将团体组织原理纳入中国传统社会关系结构之中。"创造性"观念是他寻到的调和之点，在内容上促进个人以积极的人生态度实现本性内在的潜能，在关系上群与己相互促进而不违背伦理情谊，是建立团体伦理的重要依据。

综上所述，梁漱溟用"刚""成己""成物""尽性"等中国传统语汇表达西方的创造思想，并不仅仅是借以提倡传统的复兴，他通过阐述东西方思想在当时的共性和相通之处，试图确立一个东西方人生态度的调和之点，以便在此基础上建立一种新的组织原理，将中国传统伦理与西方团体观念相融合。创造强调"向上"的生活态度，针对消极性而激发团体成员的积极参与；创造的"尽性"之涵义，使团体与个人之间的关系伦理找到一种原则和依据。创造观念中对人生态度和人生意义的阐释与设定，与梁漱溟应对中国社会危机、改造中国社会的基本思路相一致，旨在从个人的生活理念出发，论述团体与个人的关系，主张团体组织的合理性和必要性，推动中国社会力量的组织化。

(四)"创造性的人"与知识分子的社会改造

科举制度废除后，乡村知识分子离开乡村进入城市，带来了城乡的分化和乡村文化权威的空白。乡村建设运动是科举制度以后近代新型知识分子重新关注乡村、回归乡村的行动。其动力在于中国的救亡图存，也在于自身社会地位和社会角色的重新确立。这一点在梁漱溟的认识中可以得到印证。"教育改变……的结果，便是将乡村间的许多青年子弟引出乡村之外，不复能回去。乡村子弟受教育的那天，便是脱离乡村的那一天……知识分子再不为社会求出路，其自身也唯有陷于绝境而已……社会的生路要在乡村求，知识分子的生路也要在乡村求……都市里过剩的知识分子，仅你不愿回乡，而形势所逼恐怕非回来不可。"（梁漱溟，1989b：479-481）这不仅是一种号召，乡村运动提倡以后，出现了知识分子回乡的趋势。"统观社会前后变迁，好像当初有意地将乡村子弟引出来，现在又送回去。当初若不出来，不行；现在不回去，亦不行……不洋化，如何能脱离乡村而逼成乡村崩溃？乡村不崩溃，如何能引起人注意乡村，而发动乡村运动？没有乡村运动，知识分子如何能回去，而建设新社会？"（梁漱溟，1989b：481）

梁漱溟认为知识分子对于改造乡村社会的责任是，"完成东西文明的沟通工作"。在创造性观念的基础上，建构东西文化相调和的团体组织原理，正是这一东西文明沟通任务的具体实践。同时，梁漱溟认为，依靠和发动农民力量，可以巩固知识分子的社会地位。"从回乡的知识分子间之广大联络，逐渐有于散漫无统纪的中国社会，形成一中心势力之望。"（梁漱溟，1989b：473）创造性观念的主张与这一过程相互呼应。因此，从社会结构的角度来看，乡村建设运动是脱离农村后的知识分子重新回到乡村，动员农民形成团体组织，同时确立新型知识分子在农村以及社会变革中作为文化权威的角色和地位。"唯社会有权，而后国权乃立。乡村建设就眼前说，其使命实在于形成一个社会意志，以立国权。"梁漱溟所指，是对于相对于政府权力的社会的力量。在此意义上，梁漱溟不仅将知识分子设定为中国社会变革的主导力量，创造性观念的阐发还显示，他将知识分子视为社会力量的引导者。

在此过程中，创造性观念的主张是探索建立中国团体组织的一项依据，是动员民众、推动社会力量组织化的途径，同时也是现代知识分子依据人生态度对社会进行"文化改造"的试验。创造的主要涵义与上述知识分子引入团体组织、培育社会力量的过程相互呼应。它是梁漱溟作为现代知识分子的代表和乡村建设运动的领导者，面向即将进入农村的基层知识分子所进行的宣传和主张，但创造性观念的内涵所针对的对象主要是农民，他用较为通俗浅显的表达方式对创造的涵义进行说明，希望通过学员们将这一观念传播给农民。梁漱溟的创造思想的阐释，是20世纪初上半期中国知识分子尝试培育社会自我组织能力，并力图重构文化权威的行动。

　　图 4-1 归纳了本章的分析要点：创造性观念中向上进步的涵义，旨在激励农民的进取精神，鼓动农民积极参与团体组织，启发他们对农村问题的觉悟和开发自身的力量，这是一种唤起主体意识的动员方式；创造性观念中"尽性"、发挥才智的涵义，用于说明理想社会的形态，更旨在阐述团体与个人的关系，将自由、权利等西方个人本位的概念与中国传统伦理本位的概念相调和，建构中国的团体组织原理。团体组织的缺乏是他所认知的中国社会的问题所在，个人的人生态度更是这一问题的根源。因此，作为"文化改造"的尝试，梁漱溟的创造性观念是在东西方反思现代性的背景下，探寻新式文明秩序、解决中国社会问题的方式，是新型知识分子面向农民进行发动和联合的话语资源。与梁启超相一致，"创造性的人"旨在从个体伦理出发，在差序格局的基础上推动中国社会形成现代团体格局。

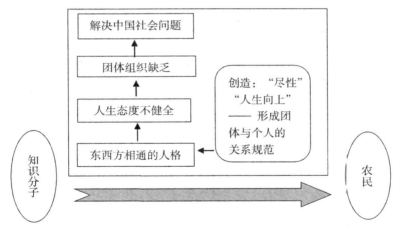

图 4-1　梁漱溟创造性观念的内容与传播

第五章　创造观念与群己关系的中日比较①

中国和日本 20 世纪上半叶提倡"创造性""创造力""创造性生活"的主张，均受到柏格森和罗素等人创造思想的影响，认为创造才是人类生活的本质，是社会进步发展的根据。在中国，倡导创造主义的人生观是在差序格局的基础上形成团体格局，即让民众基于原有关系伦理理解和认同团体组织与现代民族国家，使个体与国家之间形成一种新的联结。同为接受西潮的亚洲国家，日本的创造思想在个人、团体、国家的关系方面发挥了怎样的作用？本章对同一时期日本创造思想代表人物的主张进行考察，以便通过中日比较，更加清晰地把握中国社会现代个体人格特点的建构与现代国家之间的关系。

在 20 世纪前期，日本对创造思想的接受除哲学领域之外，主要体现在有关教育的主张上。大正时期的"新教育运动"倡导创造思想，在教育相关的刊物上，创造、创造力、独创性、创造性精神等词汇被广泛使用（天野正辉，1973：146）。作为大正时期创造教育论的代表，本章对稻毛诅风的创造思想进行考察，分析日本社会对"创造性的人"的接受在这一时期社会变动中的作用。同时基于上一章对中国的研究，将尤其聚焦于分析稻毛诅风的创造主张中人性阐释与现代国家、个体与团体的关系。

大正时代的八大教育主张中，稻毛诅风、大久保德五郎、千叶命吉的

---

① 本章内容基于下述两篇文章的合并与改写：《对稻毛诅风创造思想的考察——从个人主义到国家主义》（发表于 2015 年日本《社会学杂志》第 30 号）和《创造性人生观与中日社会变动》（载北京日本学研究中心编：《日本文化理解与日本学研究》，学苑出版社 2015 年版）。

学说被认为是创造教育论的代表（天野正辉，1973），本书中提出稻毛诅风的理由主要有三点。首先，他第一个明确提出自己的主张是"创造教育论"，作为创造教育论流行的先导，他是接受并发展创造思想的代表人物。其次，稻毛除了教育论以外，还把创造主义作为个人人生观来论述和宣扬，在他的思想中可以看到个人主义和国家主义的共存和紧张。而且，稻毛在1926年以中文出版的《创造教育论》，对中国的创造思想也产生了很大影响（刘仲林，2003；王伦信，2007：91-96），从传播的视角来看是中日接受西方思潮的重要案例，可以进行人性阐释与社会变动之关联的中日比较。

　　本章基于以下五部著作进行考察和分析，它们是稻毛诅风对创造主义主张的集中论述，即《生的创造与道德》（1915）、《创造主义的生活》（1922）、《创造教育论》（1922）、《日本文化的创造与教育》（1930）、《日本人的创造性与教育》（1936）。根据这五部作品的内容，稻毛的创造思想可以分为大正前期、大正后期、昭和前期三个阶段。《生的创造与道德》是大正二、三年所写文章的合集，主张个人主义人生观；大正后期出版的《创造主义的生活》和《创造教育论》主要论述"人格的创造和文化的创造"；《日本文化的创造与教育》和《日本人的创造性与教育》是昭和前期的论著，焦点转向"日本人与日本文化的创造"。本书对其大正前期、大正后期、昭和前期这三个时期的观点表述进行考察，把握创造主张内涵与宗旨的变化。具体来说，在各个阶段主要聚焦于三个问题。（1）创造思想中对个人的定义和理解，作者对人类的本质、生活的目的、个人的生活方式等进行了怎样的说明，创造思想与个人主义是何种关系。（2）创造思想与现代共同体，即"创造"对团体和国家的形成具有怎样的意义。（3）个人与国家的关系，在创造主义的主张下，个人和团体、国家是如何结合在一起的。将按时间顺序考察稻毛的创造思想，分析这一主张如何从个人主义转变为国家主义。

　　如下所述，稻毛的创造主义思想虽然是围绕人生观的主张，但在大正初期到昭和初期，它试图回应社会对新道德的形成、团体的文化创造、日本国家发展等的要求。大正前期，稻毛的创造思想主张个人主义，呼吁形成符合个人需求的道德。大正后期，在继续表明个人主义立场的同时，开始强调团体和国家的进步，以"创造符合人格创造的文化"为目标。进入昭和时期后，在保持个人主义思想的同时，呼吁国家主义思想，以"创造符合国民人格养成的国家文化"为宗旨。稻毛的创造思想，沿着以个人主义为前提形成社会秩序的逻辑，试图建立基于个人主义的国家主义。它之所以成为可能，是因为在创造主义思想中，"公"被视为"私"的一部分，并且团体和国家逐渐成为个人理想人格的实现和人生价值的源泉。

一、大正的创造教育论与稻毛诅风

(一) 大正新教育运动

以八大教育主张为中心的大正新教育运动，是在大正民主运动背景下形成的自由主义、创造主义的教育思潮，被视为社会民主化、平等化趋势在教育上的反映。大正时期是介于明治时期和昭和时期之间的短暂的自由主义时期，这一时期接受欧美各国民主思潮的影响，提倡人格平等和社会平等的思想，尊重儿童的个性和自发性（迫尤加里、清水宽，1989：31）。因此，明治时期臣民教育中形式化、一刀切、灌输主义的教学法受到批判，学生的自由、创造、个性、自发性等受到重视（徐征、王冬艳，2006：23-25）。

另一方面，大正教育思想也被批判具有与平等解放相悖的内涵。有观点认为，它顺应产业发展和服务于国家主义需求，是作为将国民国家内在化、主体化的国民教育运动而展开的（佐藤学，1996：1936）。也有人指出，大正的新教育思潮是"从商业资本的立场对明治绝对主义教育的修正"（天野正辉，1973：145-154）。即为了提高在国际市场上的竞争力，企业的自主技术开发是当务之急，重视创造性和独创性以及培养具有这种能力的人才作为"时代的要求"，成为教育的主题。因此，大正教育改造运动被批评缺乏对人类解放的指向性和近代市民形成的自觉，仅在不冲击国家框架的情况下，追求形式上的教学技术的进步，创造教育论就是其中的典型。

由上来看，包括创造教育论在内的大正新教育运动，既有重视个性和主体性、促进社会平等和自由的倾向，也有响应国家和产业的要求、对个人施加压迫的一面。有研究指出，日本近代知识分子在极权主义国家的制约下，为了形成公民自由的个人意识，不得不以各种形式和策略主张个人主义，因此日本近代思想的表述之中，个人意识与国民意识时而相互冲突，时而相互联系（近代日本思想史研究会，1992：113-114）。但整体来说比较有力的观点是，大正教育改造运动的生命力在于将民族国家的能量与自发、自立的个人这一主体的形成相结合（佐藤学，1996：36）。这一点与中国创造性思想联结个体与共同体的作用相近，那么日本社会对个人的关注和国家的意识形态是如何结合在一起的呢？

（二）稻毛诅风的创造教育论

稻毛诅风（1887—1946）是大正时代和昭和时代的著名教育学学者①，是这一时期创造教育论的主要倡导者（天野正辉，1873：148）。从思想背景来看，柏格森的创造进化论、杜威的实用主义思想、罗素的本能创造论等为其创造教育论提供了基础（小林澄兄，1922：133）。稻毛的创造教育论主张人的本质是创造性，因此教育的方法和原理就是创造的原理，人生的目的和创造教育的目的都在于创造。他并没有将创造性视为特殊精英人才的特性，而是所有人的普遍共性，并以此作为教育论的根据，这一点在当时得到高度评价（天野正辉，1973：1948）。但如同大正教育思想具有的内在矛盾那样，稻毛诅风的创造教育论也被指出背后隐藏着国家主义，体现为对明治臣民教育的划一主义、统制主义的批判不够，按照逻辑假定的价值来框定孩子的活动性；教育实践与儿童的生活现实缺乏紧密联系，"强迫孩子'创造'"同样是对孩子的压迫，个性和自发性的教育伴随着"自

_____

① 本名稻毛金七，曾任日本早稻田大学教授，讲授教育学等课程。

我"的丧失等(天野正辉,1973:148;浅井幸子,1998:310)。这些批评显示,稻毛的创造教育论重视个人主体性,也具有国家意识形态的色彩,是分析自发性、自立性的个人与现代国家之关系的很好事例。

稻毛的创造教育论并非停留于教育方法的技术性改进,他也着眼于人生观的变革(刘仲华,2003)。以往研究论述了创造教育论的特点,但对他的创造主义人生观关注不够,也没有分析他思想整体的变化。他的五部著作显示,大正前期的个人主义立场明显,大正后期在强调个人创造的同时也强调团体创造,进入昭和时期以后,稻毛的创造主义主张中出现了浓厚的国家主义色彩。同一人的同一主张是如何从个人主义转变为国家主义的?其中个体和国家以怎样的形式结合在一起?本书的考察不限于稻毛的教育论,对他的创造主义主张进行历时的分析,以把握其思想的发展演变脉络。

二、大正前期:个人主义的创造观与新道德

在大正前期,稻毛以创造观念宣扬个人主义价值观,通过倡导"创造主义生活"强烈主张个体的价值和尊严。他认为人性的本质是创造性、向上性的,主张生命的真正含义是"以最好的形式发挥自我本真的各种能力"(稻毛诅风,1915:109)。以创造为本位的生活是独创性的,它意味着能够实现"具有独特本质的自我和生活"(稻毛诅风,1915:2),生命乃至生活的核心问题就在于"自我的性格和实行"(稻毛诅风,1915:173)。通过创造实现独特的自我而获得独特的价值,是"最佳生活""最佳个人"的模式。

重视自我和个性的创造主义生活,意味着不断追求个人能力的展现和提高,人类被描述为拥有待开发能力的人。个人天生就具备看不见的创造性,通过后天的学习和运用使其以实际存在的形式表现出来,才能获得自我的价值和"人生的充实"。因此,他认为人的生活应该是前进的、进化的,倡导重视个性,致力于自我提升的人格形象。为了追求更"杰出的自

我"和"杰出的业绩"，需要经常有自我改善的要求和内省的态度，因此，创造主义的生活伴随着痛苦和努力，但只有这样尊重自我、忠实于自我的生活，才能活出自己的特色，实现个体的价值和尊严（稻毛诅风，1915：107-138）。稻毛认为创造主义者是尊重自我的个人主义者，称这种生活态度是"充分理解并实践个人主义乃至主我主义的本质，极度尊重自我的态度"（稻毛诅风，1915：117）。他指出现代社会生活中最关键、最重要的问题就是"对自我权威的肯定和主张"、实现"自我存在的价值"。创造主义的生活强调个性和"独特自我"的重要性，主张个人生活的目的和意义不是从集体和社会获得，而是需要从个人自身的内心成长中寻求，认为人的价值源于独特的生活方式与个性。

创造主义生活虽然主张个人主义，但也重视和强调"公共善"。创造主义者既是个人主义者，又是人道主义者，主张在追求自我充实的同时，也应该积极为社会做贡献（稻毛诅风，1915：73-79）。稻毛认为创造主义的生活是"全我的活动"，社会贡献和利他行为作为"伟大的自我"的一部分，意味着自我价值的增进。以个人的"自我"为本位，不是把有益于社会乃至一般的价值作为超越自我的东西，而是作为自我的一部分来定位，试图将利己性和利他性统一起来。通过这种方式，个人对自我尊重和提升自身价值的取向，会促进对利他行为和社会贡献的重视，有助于社会的改善和发展。因此，稻毛主张："在得到客观的善之前，必须先保持主观的善。"（稻毛诅风，1915：54）并主张只要个人提高，就会带来社会的改善和进步，个人不应该去适应社会，而应该将社会类化为自己。

大正时期个人主义、民主主义抬头显著，从这一背景来看，强调个人价值与尊严的创造思想与时代风潮一致。除此之外，稻毛的创造主义与相关的社会要求是意识到道德的欠缺。稻毛将大正前期日本社会的道德状况描述为"动荡不安、黑暗中摸索的过渡时代"，"原有的旧道德完全失去权威，而足以取代旧道德的新道德尚未建立"（稻毛诅风，1915：237）。对于"打破旧套"和建设新道德的需要，稻毛认为旧道德坏在"束缚个人的自由，蹂躏其尊严"，所以新道德需要"满足根植于我们的第一义欲的真正要求，解决我们的问题",主张只有肯定生命、肯定个体自我、满足欲望的道德,才是真正的道德(稻毛诅风,1915:237-274)。也就是说,稻毛认识到需要建立一种以个人主义为基础的新道德。为了构建新道德,他主要关注个人与整体之间的矛盾,并试图从个人的角度解决这一矛盾。创造主义的生活不仅需要忠实于自我,而且兼顾"以我为本"和人道主义,可以实现个人和社会的调和。因此,稻毛主张热爱自我生命、将自我生命价值无限扩大才是"真道德的第一要谛"(稻毛诅风,1915:113)。

综上所述,稻毛在大正前期的"创造主义",主要倡导个人主义的人生观和生活态度,主张人生目标是自我的成长,个人价值源于自身的个性和独特性。他将创造主义阐释为一种整体性的自我,把公共善作为个人性的一部分,呼吁"利己主义和人道主义"的统一,肯定和鼓励个人对于社会的能动性和主体性。整体来看,稻毛在大正前期主张的创造思想,在主张个人主义人格形象的同时,力图以个人主义为基础,形成新的道德和秩序。他提示的人类应有状态是专注于自我进步,而个体在追求自我提升和成长的同时,对社会的贡献也会相应增加,于是社会需要的公共美德与个人的价值实现便可以达成一致。

三、大正后期:人格的创造与文化的创造

稻毛在大正后期撰写的《创造主义的生活》和《创造教育论》,对创造生活的形态、原理、目的、动力,以及创造生活的态度、过程、面貌等作了全面的论述,与大正前期相比,内容更加系统和详细。这一时期,稻毛创造主张的焦点在于人格的创造与文化的创造,并通过人格和文化的关系论述个人和团体的关系。

大正后期,稻毛仍旧主张创造主义是最为理想的个人主义,创造思想的核心依然是个人主义人生观。他定义创造主义的生活,即"始终以最有效地运用创造性这一人类内在本质为最高宗旨的生活"(稻毛诅风,1922:32),并阐释其目的在于人格的创造和文化的创造。创造是重新作出独特

而优秀的东西，因此，作为创造型生活动力的创造性，具有自我超越性和追求自由的特质，它既是个体的、先天的，又是社会性的、后天性的。（稻毛诅风，1922：50-54）他论述道，所谓"创造性"，以"先求诸己"的"自信自爱"为基本要求，创造主义的生活认为命运不由天授，可以通过人自身的努力进行改变（稻毛诅风，1926：4-5）。稻毛在呼唤个人主体性和能动性的同时，提出个人为了发展创造性，必须具备自我的独特性和统一性（稻毛诅风，1922：205-209），需要认识自己、用理想约束自己、建立自我同一性。由此来看，稻毛所期待和描述的"理想人格"代表着一种现代人格的特点。

具有创造性特质的人格被视为提高个体创造能力的前提条件。稻毛在论述人格特点的基础上，对创造性的动力、提高创造能力的条件、培养训练的方法等进行了详细的分析。对于创造性的激发来说，直接动力是自由解放，间接动力是专心致志；直接导因是激励，间接因素包括生命健全、素材丰富、专注力、暂时解放、环境条件、人为刺激、机会等；此外，教育、修养、活动、境遇等，也是促进创造性发展的条件。这一时期关于创造性个体的形态，整体上延续了大正前期创造主义的内容，依然主张进取向上的人生观、价值观，但更重视创造新事物和新价值的能力，关于如何提升创造力的方法的论述占据了更多篇幅。总而言之，在大正后期，稻毛的创造主张以现代人格的形成和独创能力的开发为目标，但其创造主义论述的重点已不在于强调个人的价值和尊严，而是以此为前提的基础上，提出具有主体性并致力于培养能力的个人应具备哪些条件，即从个人主义的立场出发，探讨建构人格、培养能力的技术。

这一时期稻毛论述创造生活的另一个目标是文化的创造。文化是"团体创造的形式和内容"（稻毛诅风，1922：181）。文化的创造对于个人来说，就是脱离个体的境界而成为普遍的个体，这也是他对理想人格的定义。即个人由个体性和普遍性组成，对团体文化的参与和贡献意味着个人普遍性的实现。因此，对国家文化做出贡献可以增进人生价值，应该通过独特而优秀的创造，最大限度地提高自己的价值（稻毛诅风，1922：216-

218）。稻毛认为创造性生活的真正意义不在个体性存在，而在于普遍性存在，人生的目的是"与人格的创造相关联的文化的创造"（稻毛诅风，1922：204）。比起个人的人格创造，更强调团体的文化创造。稻毛的创造主张将团体视为个人的一部分，作为个人价值的根据和源泉，团体在其论述中的重要性显著提高。

与此相对应，"贡献"是实现理想人格的方法（稻毛诅风，1922：213-214）。作为团体的一员，应该理解自己的责任，努力尽到自己的责任，通过独特而优质的创造有所成就，为团体的创造做出贡献。并且，稻毛（1926：11-14）强调团体中应与他人"合作"。创造性生活对自我的态度应为"自我信爱"，对他人的态度则应是"人生信爱"。"自我信爱"指相信自己是具有独特价值的存在，"人生信爱"指相信他人和自己一样是具有独特价值的存在，对于团体尽力贡献，对于他人采取"竞争即合作"的态度。创造主义的竞争不是以个人的胜利为目标，而是以整体的、普遍性的自我，也就是集团整体的胜利为目标。因此，只有不制造失败者，促进全体成员成长的竞争，才符合推动整体进步的创造主义的目标。这些阐述在重视为团体做出贡献的进取型个人的同时，也更加重视团体的团结合作和共同进步。

关于人格与文化的关系，稻毛认为两者并非二元对立，而是相互依存的关系。人格的创造与文化的创造，互为动力也互为结果（稻毛诅风，1922：201-204）。理想的人格是具有卓越创造性（拥有创造力并能有效利用），"能对全世界全人类做出积极贡献"的个人。而理想的文化是自身富于创造性，同时能够促进个体创造的文化（稻毛诅风，1922：218-220）。主张个人应重视对社会团体做出贡献，同时，文化所代表的团体也应重视促进个人的发展成长。

与前期相比，大正后期创造思想的论述不仅增加了有关文化这一团体创造的内容比重，而且作为个人价值的依据，提高了团体贡献的重要性，也更加强调团体内部的团结合作。稻毛把集体性定位为个人的一部分，但比起个性，他更关注"全体的、普遍的自我"，即存在于个人身上的集体性和公共性。其论述中人格与文化相通相近、相互依存，强调集体的整体进步是创造主义的目标。在保持个人主义观点的情况下，提高了团体的重要性，而且关于社会集团的论述中特别强调了"国家"的重要性。

在这一时期，稻毛从个人和社会的立场论述了创造主义人生观的必要性。一方面延续大正前期的观点，认为对于在过渡时代因没有价值标准而烦恼的个人来说，"人生观的确立是现代最紧要且重要的问题"（稻毛诅风，1922：2-4）。另一方面，他认为作为文化理想状态的世界性文化须以国家文化为中介，主张日本必须从消极的模仿转向积极的创造。只有通过国民生活的创造化，才能成为优秀的文化国家而保持独立自主，因此呼吁："拯救今天我们国家的，正是这种人生观"（稻毛诅风，1922：28-29）。创造主义思想被认为是关系到日本独立生存与发展的紧迫问题。以往研究所指出的政治性、产业性意识形态在这里可以得到确认，与大正前期稻毛力图建立新道德秩序相比较，大正后期的创造性阐释显示他意识到国家发展的政治性需求。但是，与基于个人主义建构道德秩序的思路相同，稻毛致力于论述"与人格创造相对应的文化创造"（稻毛诅风，1922：204、229），也就是在个人主义的基础上寻求团体与国家的进步。

如前所述，稻毛依然主张创造主义的生活是个人主义的体现。个体主义和超个体主义是人生的两面，但主张人生的根本特质倾向于个体方面。他解释说，创造性是关于个人存在方式的个人主义理解，倾向于个人主义是因为这种个体存在方式会让社会变得更好。"追求创造生活的人……通过形成自己的独特性，让社会适应自己。"（稻毛诅风，1922：79-80）与大正前期的理论相同，认为个人不但要适应社会，更应改造社会，强调个人的能动性，主张理想的个人会带动社会的进步。但是这一时期创造主义阐释的焦点从个人的价值和尊严转移到了团体，特别是国家的发展，内在于个体价值之中的集体性、普遍性的意义提升。稻毛在保持个人主义视角的同时，试图将个体统括在团体和国家的整体目标之下。

四、昭和前期：日本人与日本国家的文化创造

进入昭和时代，创造日本文化的危机感更加强烈。稻毛认识到"创造独立而优秀的国家文化"是日本独立与发展的当务之急（稻毛诅风，1936：2-3）。他认为日本文化的创造是当时日本最重要的问题和最合理的发展目标，主张"创造性的文化国家主义应该成为一项国策"（稻毛诅风，1936：5）。大正后期创造观念的宗旨是"创造符合人格的文化"，在此基础上，昭和前期他主张创造教育的核心是"以创造符合国民人格养成的国家文化为最终目的"（稻毛诅风，1936：336）。稻毛也将自己这一时期的思想概括为创造性、文化性的国家主义（稻毛诅风，1936：150），其创造主义主张的主旨从个人主义转向国家主义。

在这一时期的论著中，促进日本人的创造性和推动日本文化创造是重点内容，"日本人创造性的特质"成为分析的焦点。他认为日本文化的特质是"主情性"，日本人的创造性在整体上偏重情感的创造性（稻毛诅风，1936：102-111）。稻毛详细分析了日本人发展创造性的障碍，认为激发创造性的压力不够（稻毛诅风，1936：102-115），同时日本文化的特质主要体现在情意性、艺术性、道德性方面，在科学领域较为薄弱，需要寻求两者间的协调。在这个阶段科学的创造性受到重视，他列举专利法颁布以后的技术发明成果（稻毛诅风，1936：38-101），认为没有必要对日本人的创造性感到自卑，应该更重视培养科学技术方面的创造性。

昭和五年出版的《日本文化的创造与教育》与昭和十一年出版的《日本人的创造性与教育》中，中心主题均为日本国家文化的创造发展和日本人整体创造性的特征及其增进方法。他主张人生的本质和现代社会的主导原理都在于"创造"，并将自己的爱国心表述为"建立在稳固的人生哲学基础上的创造性文化的国家主义"（稻毛诅风，1930：2）。大正时期主张创造观念的思路一直延续未变，从基于个人主义的创造性生活形成新型道德秩序，到基于人格创造进行文化创造，再到基于个人主义人生哲学主张国家

主义。作为人生本质和生活方式的创造性，构成国家主义的前提和基础，但与大正时期相比，关于个体的论述少且简略。

而且，关于创造主义的人生哲学，稻毛用与大正时代大致相同的方式进行了说明，但关于个人价值，较之个体性，他更加强调个体内在特性的普遍化。他认为人生的本质是创造，其根本属性是自我超越性，由新性和价值性组成，两者都意味着不断地把个别的事物普遍化，人生的目的也就在于这一个别性的普遍化（稻毛诅风，1930：4）。个别性实现普遍化的方法是个人与团体结为一体。理解"自己对全体的使命和责任"，"通过充分发挥自己的长处，充分完成对全体的使命和责任"，就能实现个别性的普遍化，完成符合人格创造的文化创造（稻毛诅风，1930：4-5）。创造性仍然在个人主义人生哲学的框架下进行论述，以个人内在精神的成长和满足为依据，但社会贡献和文化创造才能带来个别性的普遍化，成为个人价值的根本来源。稻毛这一时期的表述中，对于人生的本质来说，比起个性和独特性，"对自己所属的全体负责"才是最核心的要素。

稻毛认为国家是团体和普遍性最重要的代表。"人生的本质在于客观地创造文化，而最典型的文化是国家的文化"（稻毛诅风，1936：5-6）自我实现的价值源泉被国家占据，这显示国家在个人内心所占比重扩张成为主导。昭和时期的创造思想表明，个人主义的人生哲学被国家"殖民化"了。但是，稻毛也以创造性、文化性的国家主义，对昭和时期的国家主义教育进行了批判，指出国家主义、民族主义作为日本教育的基调，"没能充分尊重国民个体人格的创造性"而有重大缺陷（稻毛诅风，1936：150），主张国家文化应该促进国民人格的创造性（稻毛诅风，1936：6）。由此来看，稻毛的创造思想在昭和时期依然保持着个人主义的基本立场，看待个人与国家之间相互依赖关系的逻辑也没有改变。

稻毛诅风昭和时期关于创造思想的阐释和运用之中，个人和国家不仅相互依存，而且相互融合。个人的价值源于通过独特而优秀的创造对日本文化做出贡献，同样，日本的昌盛源于通过创造出独特而优秀的文化对世界文化做出贡献。因而他主张应该从认识到日本的独特性并发挥其长处开始努力。稻毛用与个人创造性相同的逻辑来说明日本国家的文化创造，即通过发挥个性和独特性，为更大的团体做贡献，可以获得自身的价值。到了昭和前期，其论述中个人的价值取决于社会贡献和普遍性的实现，两者逐渐相互重合。

五、稻毛诅风的创造思想与日本现代国家认同

稻毛创造主义的基本和核心是围绕人的本质和个人人生观的主张，在接受西方思想的基础上形成关于个人价值和能力的认识。同时，他将个人视为实现社会进步的基础和条件，从大正到昭和，努力通过人性本质的阐释建构新的道德规范、团体文化创造、日本国家主义意识形态等。大正前期，稻毛的创造主义思想明确宣扬个人主义，强调个人的价值和尊严，以个人主义为前提探讨如何形成"公共善"和新道德；大正后期，稻毛继续主张创造主义生活是"最高形式的个人主义"，提出形成自我人格和提升创造能力的必要性并给予方法上的建议，旨在推动"符合创造性人格的文化创造"；昭和前期的创造主义论述集中于日本的文化创造战略，以"创造符合国民人格的国家文化"为主旨，但仍旧延续个人主义的立场，呼吁尊重个人价值和个体创造性。由上来看，稻毛的创造主义是以个人主义人生观为中心，基于现代个体的塑造，对"个"与"群"、"私"与"公"的关系进行调整，以便将个体与团体重新紧密结合。

稻毛创造思想表述的焦点何以能够从个人主义转向国家主义？本书的考察显示有两点很重要。首先，尽管创造思想的主旨在各个时期发生了变化，但基于现代个人主义原理建构新秩序的思路一直保持不变。从根植于个人"第一义欲"的道德，到"与人格创造相符的文化创造""与国民人格发展相符的国家文化创造"，都以个人价值为首要前提，在个体的人性需求和人格特质的基础上，建立道德规范、团体整合和国家忠诚。也就是说，国家主义主张是在建构新型道德与社会团体的延长线上，遵循着同样的秩序构想思路，那么个人主义和国家主义的共存不仅是可能的，也是顺理成

章的结果。

　　另外，在稻毛的主张中，个人价值成为从个人主义向国家主义转换的途径。大正前期，稻毛认为人的价值主要以个性与独特性等个人内在特质为根据，将"公共善"、利他性定位为个人价值的一部分。大正后期他强调个人主义，同时认为个体包含着个别性和普遍性两个部分的价值，参与团体文化创造并做出贡献，这意味着个体的普遍性价值增高，实现自我超越和个人价值的提升。稻毛还是将团体视为个人价值的一部分，但比起个人自我的独特性，他更重视对团体的贡献所意味的普遍性。进入昭和时期，"普遍性"得到进一步强调，而且国家成为团体最重要的代表，日本国家的文化创造作为个人性的普遍化，被阐释为个人价值的决定性来源。"对自己的全体负责"成为人生本质的核心要素，对国家的贡献在其中占据了主导性的位置。在创造性主张的这一演变过程中，稻毛一方面强调个人价值，另一方面将价值的源泉从个人自身的个别性要素转换为团体的普遍性因素，特别是日本现代国家。也就是说，个人主义的人性内涵之中，与团体、国家等相关的"公"构成内在于个体的一部分，"公"在个体之"私"中的比重和重要性逐渐升高。随着普遍性和整体性上升为个人价值的主要依据，个人的生活便被纳入国家的目标之下。

　　总而言之，稻毛的创造思想提出并保持着基于个人主义重新形成秩序、整合群体的宗旨，并把个体价值划分为个别性价值与普遍性价值，由此将个体与团体、国家与个人紧密联系起来。从大正初期到昭和初期，创造思想不仅没有改变个人主义的立场，而且利用这一立场，使个人走向团体和国家并与之一体化。在稻毛的阐述话语中，个人与国家之间形成一种相互依赖的关系——提高个人主义意识，强调个人价值，就会促进个体为国家作出贡献；对国家的忠诚付出，将提升个体的自我价值，增强自信自爱的主体性。其中个人主义和国家主义并不是相互疏远的概念，国家主义是在个人主义的基础上得以诠释而形成，个人的自我实现通过对社会、团体、国家的参与而达成，两者之间"你中有我、我中有你"，相互交织、相辅相成。

有观点认为日本大正时期的个人主义是对明治时期国家主义的反抗。日俄战争之后，日本民众开始对"富国强兵"的国家主义没有带来生活改善以及无视个人的倾向感到不满，进入大正时代，日本社会开始反抗国家至上，提倡个人的自由和解放。（思想史研究会，1992：174；周颂伦，1998：45-58）然而，进入 20 世纪 30 年代以后，国家主义观念重新高涨。于是个人主义被转变为"小我的出人头地主义"这一普通民众的人生哲学，国家可以借此鼓励国民对于工作职责的责任感，同时也消除个人主义对社会秩序的威胁（竹内洋，2005：215）。有观点认为，这是意味着国家为了动员国民而抑制个人主义倾向（门胁厚司，1977：66-82），也有研究者视其为个人主义与国家主义之间的妥协（近代日本思想史研究会，1992：113）。从本书对创造性观念的考察来看，这些研究均着眼于明治后期以后个人主义与国家主义思潮的对立和抗衡的东西，而忽略了两者之间的联结机制和相互作用。

关于日本个人主义与国家主义的联系，主要观点包括"促发"论和"工具"论。前者与弗洛姆"逃避自由"的论述相近，如丸山真男（1968）将个人主义视为近代日本形成期个人从共同体纽带中解放出来的形态，根据结社形成的状况和对政治权威的态度，将其分为"民主化""独立化""私人化""原子化"四种个体析出模式。他指出，在日本的近代化过程中，私人化和原子化占据主导地位，这两种类型对公共问题漠不关心，但为了逃避孤独和不安，会转而以狂热的态度参与政治（丸山真男，1968：372-381）。后者"工具论"的观点近似于"启蒙辩证法"，如对大正教育改造运动的评述中所见，在教育过程中重视个人的能力、个性、自由等概念，仍是国家意识形态对个体进行管理和塑造的形式，同时这一教育思想也是满足日本资本主义市场需要、促进产业发展的手段。

与上述观点对照，稻毛的创造思想体现了个人主义向国家主义过渡和演变的过程，展示出个人主义是如何被国家主义所利用。如果说明治时期的国家主义强调"富国强兵"这一共同体进步的目标，稻毛创造主义所论述和体现的，则是大正以后以个人的主体性和自我价值实现为基础而重构的国家主义。他所描述的新的国家主义与个人的内在需求、自我价值和个体尊严紧密相连，构成自我存在意义的重要根基。因此，本书关于创造观念的分析提示，个人主义的内涵、作用及其与日本国家主义之间的关系是流动变化的。它不仅可以作为批判和抵抗传统国家主义、从原有共同体纽带中脱离的依据，也可以再次将个体纳入新的国家主义、重构共同体的秩序原理。

六、"创造性的人"与中日社会群己关系的现代转型

通过个体的变化而改变社会，是新文化运动前后中国思想领域和舆论界广泛关注的"国民性改造"的主要目标。其主张认为当时中国民众在心理、精神、观念、行为习惯等方面存在普遍的缺点，改造国民性即提高国民素质，实现"人的现代化"，反映出中国现代早期文化精英欲通过个人价值观的改变而实现救国图强的愿望。创造观所包含的价值取向、人生哲学针对国民性中的懒散、消极，也是有关国民性改造的倡导之一。价值观与人生哲学的更新怎样对整个社会现代化发生作用？本书主要关注创造性作为一种人生观的建构，分析它作为具有现代特点的个体塑造方式的提倡与中日社会结构变动之间的联系。

如前所述，柏格森批判斯宾塞的进化论，认为人类的进化不仅因为适应环境，也是人类以自身意志发挥创造力对环境施加影响而实现。整个世界的进化是由创造性活动所推动，创造性既是个人内在的属性，也是社会进步得以实现的本质要素（柏格森，1999：103）。罗素认为人类的行为由"创造冲动"和"占有冲动"这两种冲动所造成。前者为社会带来善行和进步，后者对个人和社会造成危害。所以无论是在政治上还是在个人生活上，都应促进创造性的力量，减少占有的欲望（罗素，1959）。而上一章的分析显示，中国的文化精英借鉴西方创造观念，以新的人类理解为基础，探索社会关系的新伦理，协调个体与群体、私与公的关系。梁启超运用柏格森的创造进化论的观点说明国家与国民的关系，谋求近代国家与传统天

下观的协调；在乡村建设运动中，梁漱溟基于创造性的人生观，将个人与团体的关系解释为互补、互惠的关系，力图促进现代团体组织的形成。而在同时代的日本，稻毛诅风的创造主义人生观先确立个体能动性与个人价值的重要性，在此基础上将国家共同体与个人的自我实现联系在一起。由上来看，对于接受西方思潮的中日两国来说，"创造性的人"不仅提供了关于现代人格和能力的新的理解，也重新认识和阐释个人与共同体、私与公的关系，即以个人价值的实现为前提，重构关系纽带和社会秩序。

中日社会所阐释的"创造性的人"有很多共通的内容，所阐述的人生观都较各自传统文化更为重视个体的价值与尊严，强调充分发挥个人才能、追求自我实现，鼓励团体范围内的进取型人格，旨在动员非竞争性的进取心。基于这种人性阐释和人格形象，中国文化精英试图构筑个人与团体、国家之间互惠的、伦理性的关系，而稻毛的创造思想则将国家作为个人价值的源泉来实现国家主义的内在化。在对创造思想的接受方面，无论是中国还是日本，都试图应对近代个人的形成和近代国家的巩固这两个问题，中日的个人与国家的结合方式不同。梁启超、梁漱溟的创造性人生观与中国建构团体格局这一社会结构转型的需要紧密相连，稻毛诅风的创造主义人生观成为在个人主义基础上重建和强化现代国家的一种途径。在中日两国，创造性人生观作为推动社会现代化的方式，均是一种以个人为出发点的话语策略，旨在推动形成新型的共同体认同。就个人与团体的关系而言，中日创造性观念的共通之处在于均试图通过创造性个体的阐释，在传统的血缘、地缘之外，建构一种相互结合的新纽带，这一人生观是动员和组织社会力量的一种方式，倡导的是一种具有公共性的个体形态。

从稻毛诅风与梁启超、梁漱溟的比较来看，中日之间的差异在于中国创造性观念是在传统社会纽带尚未衰弱之时，在与传统伦理秩序的协调之中，促进个人对现代国家和团体的认同及参与；而日本创造性观念是在传统社会纽带衰落之后，在个体化的基础之上对社会秩序进行重塑，通过个人主义的价值观促进国家的重新整合。梁启超、梁漱溟都力图用中国传统文化中的概念解释创造性人生观，并将个体与团体的关系模式称为一种

"新伦理"，可以像新增的年轮一般被纳入原有的社会关系伦理体系之中。他依据创造尽性主义的人生观而阐释的团体，力图从个人的角度说明团体格局的合理性、正当性，将团体纳入传统伦理模式之中而使之具备亲和性和可行性，团体格局在话语建构中便与差序格局相互融合。而稻毛诅风的创造主义生活主张并未显示这一现代人格与传统文化之间的紧张或冲突，相应的也没有对二者关系的顾虑与调节。大正时期日本社会反抗国家至上主义，开始宣扬个人的自由与解放，丸山真男指出原有的共同体纽带对个体的制约能力减弱。因此稻毛诅风一直都在将个人主义作为基本前提，探讨如何在个人主义的基础上重建社会道德、国家文化以及相应的高度的国家认同。

同时，从创造性人生观对于团体形成的影响来看，梁启超、梁漱溟依据创造尽性人生观论述团体与个人目标一致，并以此为原则协调二者关系，处理个人权利与自由的问题。个人作为团体中的一分子，与团体之间的伦理基于共同目标、互利互惠以及相互体谅。稻毛诅风的创造生活要实现个人价值，而个人价值包括个别性和社会性的价值，以国家为代表的团体作为实现社会性价值的主要范畴，不是与个体相冲突的外在事物，而是自我价值与尊严的支持和依据，个人与团体因而相互融合相互依赖。这些表明，对于梁启超、梁漱溟来说，团体组织外在于个体，他们力图以创造尽性人生观为出发点调和社会本位与个人本位的冲突，团体与个体的理想关系是彼此分化独立、平等互惠的伦理关系；而稻毛诅风所描述的团体利益内在于个体利益，构成个体价值的来源，团体在个体内部所占价值比重不断扩张而趋向于一体化，创造观念所代表的个人主义立场将团体以内在于个体的方式增强国家共同体的权威。

由上来看，西方创造思潮引入后，中日社会创造性观念对个人生活的理解和阐释中均蕴含着新的群己关系的建构，个体生活方式作为公共性的一种形态，成为进行塑造和动员的对象，用以促进社会结构变动和提高国家竞争力。文化全球化的研究探讨西方文化的传播是令各地区发展更加同质化抑或促进地方特点而加强差异化（史密斯，2008：348-352），从创造性观念来看，20 世纪前期西方创造思潮的传播在东亚社会被用以建构具有公共性的个体，中日社会趋向以相同的话语重新描述个体的人格与能力，但由此阐发的个体与团体之间的关系模式仍旧保留着显著而复杂的差异：创造性个体所代表的群己关系原理，在日本社会体现为共同体内在于个体价值、扎根于个体内部，在中国社会则强调共同体与个体之间对等互惠的伦理关系。

第六章 "创造性的人"与知识分子的
社会角色

20 世纪上半期中国的创造观念思潮不仅旨在推动现代共同体的建构，也与知识分子的角色转化以及社会阶层结构的变动紧密相关。这一点较为明显地体现在胡适与陶行知有关创造性的主张之中，本章对这两位倡导者的论述及其宗旨进行考察，分析这一新型人性阐释在这一时代社会转型中的意义和作用。从社会结构的变动来看，胡适与陶行知的创造性观念呼应着中国现代知识分子重构自身社会角色、社会地位的需要，是其获取独立性、权威性、主导性的文化途径和话语策略。

一、创造性主张与知识分子的转化
——对胡适的考察①

胡适是五四新文化运动的代表人物，也是创造性观念的主要倡导者之一，他推动了"创造"价值的提升，是引领中国现代创造性观念早期建构的重要人物。其创造思想的诠释被认为具有一定的典型性，尤其代表了自由主义和科学主义的创造观。有关研究总结胡适创造性观念的时代意义在于两点：第一，在思维方式上反对因循守旧、固守传统，具有批判经学独断论和天命论的意义；第二，创造性观念与民主、科学等现代观念相互联系

---

① 本节部分内容曾发表于《湖北社会科学》2011 年第 10 期，原文题为"近代文化创造观念与知识分子——对胡适的考察"。

贯通，为现代启蒙思想的广泛传播提供了思想支撑（顾红亮，2003）。这与关于新文化运动时期创造价值上升原因的观点基本一致，即反对中国传统的价值取向和行为规范，倡导现代价值观。本书从社会学的视角探讨这一观念与中国社会结构变动之间的关联，本章分析表明，胡适对创造性观念的阐述和主张构成新型知识分子群体自我建构的有机组成部分，是他们对自身社会角色和社会地位的表达与实践，与这一群体反对传统士大夫、脱离权力依附并走近社会民众的关系变动过程紧密相连。

（一）胡适对创造性观念的阐发

胡适的创造性观念主要受到实用主义哲学家杜威的影响，他对杜威"创造的智慧"进行引介，并凭借创造概念对中国问题阐述主张，形成其独特的创造观。杜威"创造的智慧"这一学说主要包括两部分的内容：（1）创造是人类生活的本质属性，是指人对环境的对应；（2）创造及思想的过程可以分成五个步骤进行学习和训练。

杜威哲学的基本观念是"经验即是生活，生活即是应付环境"（欧阳哲生，1998b：231）；"创造的智慧"（Creative Intelligence）是人应付环境的力量，在杜威的理论中主要指知识和思想。胡适介绍，杜威哲学的最大目的，就是使人有创造的思想，能够充分应付种种环境（欧阳哲生，1998b：232）。他认为知识思想的本质是用来解决问题、对应环境以更好地生存。杜威所主张的"创造"重在人对环境的适应和作用；代表创造智慧的"思想"是人类生活的本质属性和普遍需要。同时，在杜威的思想中，创造也是可通过积累经验而提高的本领。每个人都可以"不断的努力，不断的改造，不断的进步，使创造的智慧加多"（欧阳哲生，19981：375）。他进一步把思想（创造的智慧）具体分为五个步骤（欧阳哲生，1998b：233-238；19981：375-378）：（1）出现一种疑难的境地；（2）指定疑难之点在于何处；（3）提出假定的解决方法；（4）设想每种假定产生的结果，测试能否解决问题；（5）证实解决方法的有效性。通过这五个步骤的训练，便可实现"创造的智慧"。这样的过程分解显示，杜威将创造的智慧论述为一种可以按照程序进行练习和培养的能力。

这种观念与杜威的民主思想密切相关。杜威批判古代社会的阶级界限导致知识范畴中的对立，主张在民主社会中对知识和思想进行重新定义。他针对"从前哲学的大病就是把知识思想当作了一种上等人的美术鉴赏力，与人生行为毫无关系"（欧阳哲生，1998b：231），主张思想是日常生活中必不可少的工具，是"人人都该做的"，而非上流阶层独享的专利。为此，杜威通过"创造的智慧"，将知识和思想重新定义为利用环境、改造环境、解决生活问题的手段和工具，是具有实际用处的、人类生活中本质而普遍的要素。同时，将"创造的智慧"分解为具体的程序、可操作的过程，便使思想和创造不再是只有上流阶层小部分人才能拥有的能力，它得以透明化、去等级化而失去神秘色彩，呈现为训练和培养的结果，每个人经过整套程序的练习都可具备。这也可从其教育理念之中得到佐证，杜威认为教育的目的就是培养创造的智慧，教育应该使每个人都具有创造的智慧（欧阳哲生，1998b：244；1998l：382）。

如前所述，西方的"创造"经历了从神圣到世俗的转变，从小部分群体专属的概念发展为一个普遍的、大众性的概念。杜威的思想与这一变化趋势相一致，"创造的智慧"使思想与文化由贵族阶层的特权转化为人人共享的权利和能力，知识和思想不再是维系权力与地位的排他性符号，它是所有人的需要，并且可以为所有人拥有。在此意义上，杜威的"创造的智慧"是一种将文化资本"祛魅"的主张，是为文化去阶级性的表达和实践。受其影响，胡适运用创造概念分析和评价中国社会面临的问题，强调模仿和学习对于创造的关键作用。但是，较之杜威重视平等的个人，他主要关注群体创造力的提升，并对创造主体的诠释中有着明显的精英倾向。

1. 创造是衡量社会发展的依据

创造的智慧被杜威定义为应付环境、改造环境的能力，胡适对整体文化和文明的阐发也是基于这一创造定义的扩大。如一个民族的文化是"他们适应环境胜利的总和"（欧阳哲生，1998b：1），而文明是一个民族"应付他的环境的总成绩"(欧阳哲生，1998d：3)。胡适把社会整体的发展状态、进步程度视为创造力(应付环境的能力)的累积。

胡适把中国社会的问题也归结为适应环境能力的不足，认为中国的落后是创造能力的落后。关于中国社会创造力衰弱的批判主要针对文学、学术以及总体文明。他指陈中国文学的弊病是"多半偏于考据"，认为中国两千五百年的历史上"可谓无一人专心致意的来创造文学!"而欧洲文学之所以能产生"伟大的作品"，就在于其是"由内心的创造"(欧阳哲生，1998l：28-32)。在学术方面，他认为中国历史经历了漫长的黑暗时期，"学问很乱，没有创造，没有精密的方法……"(欧阳哲生，1998l：113)《中国近一千年是停滞不进步吗》一文批评唐朝"完全没有独创的学术"。胡适还以创造力的衰弱批判中国的旧文明乏善可陈。"我们国家在过去几百年间曾经产生过一位画家、一位雕刻家、一位伟大诗人、一位小说家、一位音乐家、一位戏剧家、一位思想家或一位政治家吗? 贫困使人们丧失了生活的元气，鸦片烟与疾病扼杀了他们的创造才能……"(欧阳哲生，1998k：173)同时，他论述中国的振兴需要创造，将当时中国所处状况定义为各种创造活动日渐活跃的"再生时期"，认为"将来其创造与改革，必将随洪流而膨胀增高"(欧阳哲生，1998l：127)。

胡适以创造的增加为社会发展的衡量依据和标识，用创造力的匮乏批判中国社会进步的停滞，认为时代的发展必将使创造活动更加活跃。在其论述中，创造是文化进步与否的关键要素，它的增加推动中国社会的发展。

2. 创造是学习、模仿的更高阶段

胡适强调创造需要注重学习和准备的过程。如他推行白话文运动，主张不模仿古人而创造新文学，并将新文学的创造分为三步：(1)工具，(2)方法，(3)创造。这里的创造指从已有的事物中产生新的、未曾有过的事物，也就是"从旧经验里寻出目的和方法来发展那新而且更好的经验"(欧阳哲生，1998c：291)。胡适强调必须先做前两步学习和预备的功夫，才可以进行最后一个步骤的创造。"工具用得纯熟自然了，方法也懂了，方才可以创造中国的新文学。……我以为现在的中国，还没有做到实行预备创造新文学的地步，尽可不必空谈创造的方法和创造的手段，我们现在且先去努力做那第一第二两步预备的功夫罢！"（欧阳哲生，1998c：57）他尤其重视模仿与创造的关系，认为创造来自模仿，主张积极向外界学习。针对"富于创造性的人，个性必强，接受性就比较缓"这一观点，他批驳道："凡富于创造性的人必敏于模仿，凡不善模仿的人决不能创造"，主张"一切所谓创造都从模仿出来"，创造"只是模仿到十足时的一点点新花样"。（欧阳哲生，1998e：385-386）他把创造视为学习和模仿的更高阶段，学习和模仿是其必要前提。没有充分做好这两项预备条件，便会造成"提倡有心、创造无力"的局面。

胡适的创造观强调学习和模仿，意在主张中国只有积极学习西方才能救国图强。胡适强调"我们不须怕模仿"，论述要掌握何种技巧，必须从学习和模仿做起，学得纯熟了，才会发展出个性。胡适创造观主张学习与模仿的重要性，借此批判颓废和保守，鼓动中国积极向外界学习来改变落后状态。"懒人不肯模仿，所以决不会创造。一个民族也和个人一样，最肯学人的时代就是那个民族最伟大的时代……"（欧阳哲生，1998e：387）

3. 胡适创造性观念的特点与矛盾

胡适把创造视为模仿和学习的更高阶段，延伸了杜威将创造分解为一种过程、可以进行训练和培养的基本思路。但胡适侧重于论述模仿与学习的重要作用，"创造"在宏观的层次上意味着先仿效西方国家的发展方式，在微观层面上期待创造活动的增加促进社会发展的活力和水平。这与杜威的涵义有所不同。杜威关注个人的创造，胡适更关注群体的创造。

那么具体来说，胡适的创造观关注的是什么群体，谁是创造的主体？从其论述来看，从事创造的并非包括大众在内的所有人，而主要是知识精英。如他论述器具的创造发明者"代表人群中之最神圣者"（欧阳哲生，1998k：183）；批评中国历史上创造力匮乏时，主要的批判对象是文学家、考据学家等具有文化素养的知识分子；用以说明创造力贫乏的论据，是没有出现伟大的画家、雕刻家、诗人、小说家、音乐家、戏剧家、思想家等，他们才是胡适眼中的创造者。胡适主张的创造，并非杜威所强调的每个人生活中的普遍要素，它主要是知识精英的光荣责任。胡适建议政府取消制裁措施时，呼吁应"鼓励一切聪明才智之士①依他们的天才和学力创造种种方面的文化"（欧阳哲生，1998k：523-524）；新文化运动中，他也主张"深望知识阶级，负起创作文学之任务"。他所设定和寄望的创造主体，是"聪明才智之士"，是知识分子阶层，这不同于杜威将创造的智慧普遍化到所有个体。

由胡适可见，创造性观念从进入中国之初就转而偏重于国家民族的需要，并具有精英色彩。何以形成这种内涵上的差异？关于五四新文化运动的研究曾指出，这一时期很多社会思潮具有"救亡压倒启蒙"的特点，即民族危机的意识压倒了对个体尊严和个体权力的关注（李泽厚，2003：19-36），这使得很多西方现代观念传入中国后，其中的个人主义内涵被集体主义内涵所取代。金耀基（2002：69-71）认为20世纪中国由于长期处于内忧外患的局面，因此在中国盛行的思潮均抬高集体的地位，集体价值始终置于个体价值之上；林毓生（1988：161-164）也认为，当初自由主义的思想和价值传入中国，主要是为唤起中国民众的潜力以重建中国社会，因此在传播的过程中，群体取向受到重视，与个人主义有关的各种价值并未深植于五四知识分子的意识之中。从杜威到胡适，创造性观念内涵的变化也可以从这一观点进行解释，即对国家民族命运的关注使胡适的焦点置于社会整体创造力的增强。然而"救亡压倒启蒙"是否能够充分说明胡适主张中创造主体的精英色彩？胡适也是倡导平等的主要人物，他批判将社会分成"上等人"和"下等人"的封建等级秩序，主张富强的根本在于民众的力量。如果要激发民众的力量，为何在创造性观念中，他并未如杜威那样强调普遍而平等的创造者？

① 文中波浪线为作者所加。

要理解胡适创造性观念中的矛盾，需要在当时中国社会阶层结构的变动中进行分析。杜威与胡适的对照显示出，他们对于创造性、创造力作为一种文化资本的态度有所不同，这源于他们所处社会阶层状况及其面对的主要问题有所不同。如果杜威的创造性观念是社会阶层在思想、知识等智力活动上的平等化，或者说是文化资本去等级性的一种表达和实践；与其对照，胡适认为创造主要由知识精英承担，其主张有利于阶层之间文化资本差距的再生产。那么，胡适的创造性观念受到怎样的阶层结构变动的影响？他认为创造者应由知识精英承担，那么创造性观念的主张对于知识分子群体自身的认同或利益有何意义？下面从群体与阶层的角度对胡适创造观的社会语境作进一步探析。

(二) 胡适的创造性观念与社会阶层结构变动

在胡适对创造性观念的阐释和运用中，主要出现了新型知识分子、旧知识分子、民间大众、把握政治权力的统治阶层这四种社会群体。

1. 创造的主体——新型知识分子

如前所述，五四新文化运动时期主张创造性观念的主要是科举制度废除后成长起来的新一代知识分子。相对于传统士大夫这一"旧知识分子"，他们被称为新型知识分子。根据陈旭麓（2005：277-278）的研究，新型知识分子（现代知识分子）主要是 19 世纪末开始的各种新式学堂培养出来的人，包括为数不少的留学生，以及从传统经生、儒士脱颖而出的知识分子。他们不再执着于功名，但在久已习惯用士农工商划分各色人等的社会里，仍自居于士类。1912 年近代学堂 82272 所，学生从 1006743 人增至 2933387 人，在数量上多于八股士类，成为中等社会的中坚。胡适心目中的创造者主要是知识精英，但他对新旧知识分子采取截然不同的态度。其创造性观念所设想的承担主体是他自身所在的新型知识分子，而旧知识分子作为创造活动的对立面则受到猛烈的批判和抨击。

胡适呼吁创造的主要对象是近代教育机构的成员群体。他于 1920 年的演讲中呼吁："我们没有文化，要创造文化；没有学术，要创造学术；没有思想，要创造思想。要'无中生有'地去创造一切。这一方面，我希望大家一起加入，同心协力用全力去干。"（欧阳哲生，1998l：436）这里的"我们"是大学的老师和学生，是现代教育机构中的新型知识分子群体。他批评"开风气则有余，创造学术则不足"，呼吁"早早脱离裨贩学术的时代，而早早进入创造学术的时代"（欧阳哲生，1998k：104-105）。这也同样是面向北大这一代表新型知识分子的团体进行宣传和鼓动。

胡适的创造性主张广泛见于新文学运动之中。1918 年在《建设的文学革命论》中提出："我望我们提倡文学革命的人……个个都该从建设一方面用力，要在三五十年内替中国创造出一派新中国的活文学。"（欧阳哲生，1998a：44）他将"创造新文学"分为三个步骤：学习工具，学习方法，最后一步才是创造。胡适所期望的创造者是"我们有志造国语文学的人"，是能够多读白话文以掌握创作工具、多仿效西方小说手法以掌握创造方法的新型知识分子。胡适曾明确表达："深望知识阶级，负起创作文学之任务。"（欧阳哲生，1998l：40）具备进行新文学创作资格和能力的"知识阶级"，指的是既掌握白话文，也涉猎西方文化，即能够运用新的话语类型、具备现代知识结构的中国近代新型知识分子，显然不同于科举制度之下以古文为主要价值依据的传统士大夫。

从胡适的创造性主张来看，五四新文化运动时期创造性观念的介绍者、倡导者是新型知识分子，其呼吁对象也主要是新型知识分子，胡适将创造赋予为自身所在的现代知识分子的使命。他论述"高等文化"的创造是整个社会发展进步的关键，"我们若想替中国造新文化，非从求高等学问入手不可"。而满足这种社会需要、从事高等文化创造工作的正是新型知识分子，因此知识分子"就应该好好预备一点实在的东西，去满足这种新要求和新欲望"（欧阳哲生，1998l：436-437）。创造"新的高等文化"之重要意义，在于将新型知识分子的责任与国家整体的进步相联系，为这一群体赋予了在中国发展图强中的关键地位。通过创造性观念，胡适表达出这一群体对自身价值的定位和期许：能够引领和带动社会进步，是对国家进步具有主导作用的群体。

2. 创造性观念的批判对象——旧知识分子

以往研究指出新文化运动时期创造性观念的目的在于反对天命观，胡适的创造性观念也包含对传统无为思想的批判。但这一批判不仅针对思想本身，更指向无为思想的承担群体——与皇权紧密结合的传统士大夫阶层。胡适指出传统士大夫代表中国传统思想的"正宗"，其创造性观念的主张直接或间接地表达了对旧知识分子社会地位、社会角色的批判和摒弃。

胡适将中国传统思想分为两类：积极有为的一派和消极无为的一派，而"中国思想的正宗完全到了'无为派'的手里"。胡适批评这一思想系统忽略人对环境的能动作用，造成"懒惰怕事不进取"的民族性。胡适直接批评"无为"即"懒惰"："我们的传统思想习惯是不肯用心思去想。这叫做无为的思想方法。……说得粗浅一点，叫做懒如死蛇。……这都是懒人的思想方法。"（欧阳哲生，1998k：154-160）胡适主张创造从模仿中来，批判"富于创造性便会减少接受性"这一观点是"懒惰的中国士大夫捏造出来替自己遮丑的胡说"（欧阳哲生，1998e：385）。他将士大夫责为"懒人"，视其思想为中国文化的病根，对旧知识分子的立场和态度进行了毫不留情的批判。胡适运用创造性观念的涵义和标准，抨击旧知识分子的思想权威，指责士大夫没有创造的智慧，没有思想的步骤，因而无力应付当时中国的环境和时代需要，需要思想革命以铲除之（欧阳哲生，1998k：198-200）。

胡适还主张新文化的创造要极力排除旧知识分子的影响。他批判士大夫阶级的文学"是贵族的，守旧的，保守的，仿古的，抄袭的，这种文学，我们就是不懂也没要紧"（欧阳哲生，1998l：38-40）。呼吁新型知识分子摒弃旧知识分子的创作方法和创作成果，用自身的创造活动取而代之。他将士大夫的文学称为"腐败文学"，新型知识分子使用的白话文是"替古文发丧的，下讣文的"（欧阳哲生，1998l：26）。他认为旧知识分子所使用的古文是僵死的，无法进行创造的。"白话是活的，用白话去作，成绩一定好，死文字不能产生活文学，要创造活文学，所以就要用白话。"创造新文学的主张尖锐地指向旧知识分子,以创造活力为依据,否定、摒弃和取代传统士大夫的影响。对文字与文学的占有,是士大夫阶层社会地位的关键要素,胡适的创造观对传统话语类型进行猛烈抨击,颠覆旧知识分子的社会权威。

除了批判传统知识分子的思想和话语类型,否定其社会权威的正当性之外,胡适还凭借创造性观念批判士大夫与政治权力相结合的社会角色。他论述科举制下士大夫知识分子服膺于政治权力而失去了自身的活力,这正是导致"死文学"延续两千多年而新文学创造无从产生的原因。胡适对少数旧知识分子表示欣赏敬佩之意,是因为他们远离政治权力,"不受利禄束缚","不受死文学引诱"。文化创造的活动与成就被论述为很大程度上取决于知识分子是否"不受政府的利禄之引诱"(欧阳哲生,19981:24)、能否拥有独立的立场和人格。

以创造的活动与价值为尺度,胡适抨击旧知识分子对环境的态度、否定其创作的形式和成果、摒弃它对皇权的依附关系,表达新型知识分子积极对应社会变化、树立新的社会权威以及独立于政治权力的新型社会角色。凭借创造性观念,对传统士大夫社会权威的颠覆与新型知识分子社会权威正当性的建构得以成立。

3. 创造活动可倚重的群体——民间大众

胡适认为白话文运动是创造新文学的准备步骤。在倡导白话文的过程中,胡适肯定大众的创造力量和作用;指出民众的创作是文化进步的重要领域。"……在这二千年之中,他们——匹夫匹妇,痴男怨女——因为要表现他们的文学情感,倡了很多很好的很有价值的白话文学来……"(欧阳哲生,19981:23-25)他积极评价民间文学创作的长处:"老百姓的文学是真诚朴素的,它完全是不加修饰的,自由的,从内心中发出各种的歌曲……"(欧阳哲生,19981:39)并认为中国语言从古文到白话文是一种进步,这一进步要归功于"小百姓"。不论是作为创造成果的白话文学作品,还是作为创造工具的白话文,胡适都肯定民间大众的创造活动的价值。

胡适还评价了民间创作的作用和贡献。他认为文化的创造是自下而上的，将文学的发展归功于民众与知识分子之间的相互作用。他认为文学史有"上层"和"下层"两种潮流，许多新的文学风格或趋势，都是由下层潮流影响到上层而形成。这一形成过程被分为四个时期（欧阳哲生，1998l：39-40）：第一个时期是老百姓创作时期，与上层毫无关系；第二个时期是下层的创作转移到上层的过渡时期；第三时期，上层作家的采用使该文学潮流转变为正统文学的一部分；第四时期为流行时期，主要是对新潮流的模仿。因而，文学潮流始于下层民众、由上层知识分子进行修改和采用而形成，民间大众是推动文化发展的重要动力。"凡是历代文学之新花样子，全是从老百姓中来的，假使没有老百姓在随时随地的创作文学上的新花样，早已变成'化石'了"。他指出"每一时代之新文学……都是来自民间"（欧阳哲生，1998l：38-40），所有文学的本源都在老百姓的创作中，经由文人的整理和修饰后促成潮流的变迁。

但是，尽管肯定民众创作的力量，胡适仍将希望寄托于知识精英。他认为民间创作存在严重的局限和弱点，质量不高，对中国文学的发展造成不利影响。"文学之作品，既皆从民间来，固云幸矣，然实亦幸中之大不幸，因为民间文学皆创之于无知无识之老百姓，自有许多幼稚，虚幻，神怪，不通之处"（欧阳哲生，1998l：40）。胡适认为西方文学都由作家进行创作，相比之下，中国的创作者是"民间无知之人"，对中国文学发展的作用有利亦有弊，是"幸中之不幸"。因此主张"深望知识阶级，负起创作文学之任务"。把克服弊端、发展文化的重要角色仍旧给予"上流作家"，呼吁知识精英承担起对民间创作进行引导和提升的责任。"因为老百姓的作品，见解不深，描写不佳，暴露许多弱点，实赖此流一等作家完成之也。"（欧阳哲生，1998l：40）胡适肯定民间创作的能力和贡献，但他仍站在知识分子的立场上以精英文学的标准批评民众创作，并由此更加强调了知识分子不可或缺、不可替代的地位和作用。

由上来看，胡适运用创造性观念重新评估民众的力量，将民间创作作为新型知识分子开展创造活动、推动文化进步的重要资源。五四时期知识阶层开始研究和重视大众文化，新型知识分子积极走近普通民众，发现并肯定大众文化形式中的审美价值（费正清，1998：425-426）。在胡适创造性观念的运用中，也可以看到知识分子群体关系的这一变化趋势。不过通过创造思想的主张可以看到，胡适关注民众、肯定民众的创作活动，但仍旧保持与民众之间的距离，强调新型知识分子的权威性、主导性。

4. 创造活动的压制力量——统治阶层

在胡适有关创造性观念的表述中，政治支配被视为一种压制创造力的因素。用白话文创造新文学的主张中，批判矛头指向旧知识分子与皇权的紧密结合，以及维持这种结合的科举制度。胡适抨击"科举是维持死文学的唯一方法"（欧阳哲生，19981：25），指出旧知识分子与政治权力的结合是"死文学"长期存在的根源，对政治权力的服膺导致士大夫创造力衰弱，失去了对环境进行积极作用的能力，丧失用新工具和新方法创作文学的活力。

胡适用同样的视角批评时政。他反对政府对知识分子的文化生产进行"统制"，主张解放创造力。针对国民政府的文化统制政策，他呼吁当局在思想领域的开放。"领袖诸公应该早日停止一切'统制文化'的迷梦。……可怜今日的中国有多少文化可以统制？……在这个文化落后的国家，应该努力鼓励一切聪明才智之士依他们的天才和学力创造种种方面的文化，千万不要把有限的精力误用到消极的制裁压抑上去。"（欧阳哲生，1998k：524）现时政治权力的管制和干涉也被视为文化创造活力的抑制因素。

抵制统治阶层的控制和干预，自由创造文化，表达出新型知识分子对自身与政治权力之间的关系有着与传统士大夫截然不同的角色定位，即独立于政治权力之外，不受其诱惑和制约。这一设定与新型知识分子是承担创造新文化、推动中国发展、相对独立的社会力量这一自我期许相呼应。胡适归纳中国"正宗"思想系统与现代需要的相悖之处时指出，"传统思想要人不争不辩，更甚者要人不识不知，顺帝之则"（欧阳哲生，1998k：158-159），而"创造的智慧"正是要不服从天命、不被环境所制御。因而胡适通过"创造的智慧"的内涵阐释可以进行对新型知识分子社会角色的建构。

中国历史上士大夫与皇权紧密结合,形成政治和文化的"一体化"关系(金观涛,1984:13-15)。五四新文化运动时期,知识分子与政治之间出现了清晰的界限,此后知识分子作为独立阶层的自我意识增强(费正清,1998:411-412)。本书的分析可以确认这些观点。胡适创造思想的主张和创造性观念的运用之中,帝王、政府等代表政治权力的统治阶层多呈现为抑制创造活力的消极因素,借以主张新型知识分子脱离争取独立的立场和作为文化权威的社会角色。创造性观念为新型知识分子提供了建构自我认同、维护自身社会地位的依据,同时其涵义的阐释本身也是知识分子力图确立这种关系模式的话语表达行动。

(三)胡适的创造性观念与中国知识分子的转化

创造性观念是新型知识分子引入的新型话语内容之一,从对胡适的分析来看,这一观念引入后形成的独特内涵以及对它的运用,体现了中国现代新型知识分子群体反对传统士大夫、脱离政治权力并关注和肯定民间文化,胡适的创造性观念是这一阶层关系变化过程的一部分,是他建构新型知识分子群体社会地位、社会角色的方式和途径。

在胡适的视域之中,中国社会缺少主导性的阶层,帝制结束后,社会和文化的变化以从民间自下而上逐渐普及渗透和同化的方式进行(欧阳哲生,1998e:400;1998l:768-771)。基于这种认识,他将通过创造引领社会文化发展的使命赋予新型知识分子。他论述创造是社会进步的关键因素,作为创造主体的新型知识分子便成为具有关键作用和重要地位的群体。自我角色的确立伴随着调整和设定同其他群体及阶层的关系:借由创造性观念的标准,竭力摒弃传统士大夫的影响,重视和利用民众创作的巨大资源,同抑制性的政治权力相分离而不受干扰。在主张推动创造的阐述之中,他表达了与其他群体之间的关系,努力确立新型知识分子独立立场和重要地位。凭借"高等文化"创造者这一社会角色,胡适在与社会进步、国家图强的联系中建构新型知识分子群体的主导性、权威性。

杜威主张创造是所有个体普遍的需要和可培养的能力，以消除思想文化中的阶级分化；而胡适强调知识精英为创造主体、重视社会整体的学习和进步。这不仅仅是救亡图存的需要，其中还有阶层建构的需要，即在近代社会结构变动中对新型知识分子社会地位、社会角色的表达和确立。从对胡适的分析来看，这一西方观念进入中国后，成为现代知识分子建构自身社会角色、与各种社会群体之间进行关系调整的一项依据。中国创造涵义的形成与这一群体的自我建构有着密切的联系，它既强调创造是一种社会进步的需要，也强调新型知识分子在创作活动中的关键作用。在观念引入过程中，忽视对中国现代新型知识分子群体角色的关注，使其创造观念的阐释中蕴含着精英色彩，同时带有浓厚的社会责任感、使命感，而创造性作为个人自发需要的内涵相对被忽略而较为淡薄。

胡适是中国新型知识分子的开山元老，是传统士大夫向现代知识分子过渡和蜕变的典型(许纪霖，2007：19)。关于胡适的研究认为，自称五四科学与民主精神代表的胡适具有"潜在的反民主的倾向"，构成其"新观念"与"旧魂灵"的矛盾(钱理群，2005：314-315)。从其创造性观念来看，他对平等与民主的倡导，与以知识分子为创造主体的主张表面上也构成了类似的矛盾。但基于上述分析，本书认为胡适"反民主的倾向"与他对新型知识分子群体的身份认同和地位建构有关，以这一群体的立场为本位，使其既关注大众、主张平等，同时又力图树立和彰显知识分子的社会权威。杜威的创造性观念致力于文化资本的祛魅，胡适却无法将其创造性观念原封不动地复制，原因之一在于，对于当时的中国现代知识分子阶层来说，文化资本不是固若金汤的上流阶层的既得利益，而是萌生之初的新兴知识阶层用以争取地位的重要武器，对于胡适来说，重要的不是文化资本的去政治性，而是提出新型文化资本，以及巩固和增进其差异化的效果。胡适的创造性观念中不仅包含着对民族的危机感，还有对自身角色的危机感。

胡适对创造性观念内涵的阐发是新型知识分子进行自身角色定位的探索。借由创造性观念，胡适对社会生活和历史进程进行评判，以此重新设定自身群体的社会角色和社会地位，表达了近代新型知识分子与传统士大夫截然不同的阶层关系和自我定位，赋予自身对于国家图强积极而重要的意义。因而创造性观念成为新型知识分子借以从传统知识分子中蜕变出来、建立新型权威的一种方式、一个途径。

二、创造性主张与阶层关系变动
——对陶行知的考察①

陶行知②（1891—1946）与胡适一样，曾赴美留学并师从美国实用主义教育家杜威，其创造性观念和教育思想也受到杜威的深刻影响。创造教育是陶行知教育思想的一项重要主张，他将创造视为教育的核心目标之一，指出"'创造'是中国教育的完成"（胡晓风等，2005：440）。与杜威认为人人具有创造的智慧同样，他明确倡导普遍的广泛的创造活动，提倡每个人从眼前的小事做起，在《创造宣言》中呼吁"处处是创造之地，天天是创造之时，人人是创造之人，让我们至少走两步退一步，向着创造之路迈进吧"（胡晓风等，2005：703-707），主张创造是人生的意义所在，"死人才无意于创造。只要有一滴汗，一滴血，一滴热情，便是创造之神所爱住的行宫，就能开创造之花，结创造之果，繁殖创造之森林"。他以具有浪漫主义色彩的表达方式直接而热烈地呼吁创造，崇拜并呼唤"创造之神"："只要你肯回来，我们愿意把一切——我们的汗，我们的血，我们的心，

---

① 本节部分内容曾发表于《中南大学学报（社会科学版）》2011年第6期，原文题为"陶行知的创造力概念与近代社会结构变动"。

② 陶行知的主要教育活动包括：1923年参与发起组织"中华平民教育促进会"，推行平民教育；1926年起草发表《中华教育改进社改造全国乡村教育宣言》，提倡生活教育；1927年创办南京试验乡村师范学校，按其生活教育理论施教，培养乡村试验人才；1931年提倡"科学下嫁运动"，普及科学知识，同时创办工学团，试图使之成为改造乡村的组织；1935年"一二·九"运动后，政治态度和教育观念转向积极宣传抗日，投身于民族民主革命运动和教育运动；1939年在重庆创办育才学校和社会大学，培养革命人才。

我们的生命——都献给你"。

胡适在阐发和运用创造概念时将知识分子视为主要的创造主体，而陶行知的呼吁和倡导，则主要着眼于普通民众，他的创造教育及相关的主张把创造活动、创造力阐述为一种所有人具有的能力，既是先天继承的，也需要后天训练。这种内涵与他作为现代知识分子建构与大众新型关系模式的过程是一体的。本章分析这种创造观念的阐释与社会变动之间的关系，指出陶行知依据创造能力的特点，重新设定教育资源分配模式、调整文化资本的内容构成，转变教育场域的权力关系。这些表明其创造性观念是在教育救国的宗旨下，知识分子发动和联合民众力量的一种途径。

(一)"创造"与"创造力"：一种个人能力的浮现

陶行知对"创造"一词的运用方式主要可分为两种。一是作为教育的目标，特指一种态度或能力，如"创造之神"、人们应具有的"创造精神"、等待发挥施展的"创造力"等。二是作为一般表述中的动词，表示一种积极改造的态度，如"创造社会""创造人生""创造生活"等。根据本书所关注的创造思想与社会变迁这一问题，本章将着重于前者而尽可能地涵盖后者，即主要着眼于作为一种教育的目标，陶行知所主张、倡导和推行的"创造"具有何种涵义，进而从社会结构的角度探讨这一涵义在何种语境下运用，达成何种意图。

陶行知所主张的"创造"是在杜威思想的基础上进行阐发和补充，主要是指在行动中产生新事物或新价值；而"创造力"的涵义是一种所有人身上生而有之、需要获得解放的力量，作为一种个人能力，它既是先天具备的，又需要后天的训练和培养。

1. "创造"的含义——"行动"带来工具发明与观念革新

(1)物质的创造与心理的创造

陶行知将创造概括为物质的创造和心理的创造，分别指工具的发明制造与新观念的成立。陶行知用鲁滨逊和《红楼梦》举例说明：鲁滨逊在荒岛上喝水遇到困难，进而发现泥土可以烧成瓶子盛水，这一行为是"物质创造"；《红楼梦》中，贾宝玉游园时因船被荷叶阻挡无法快行而厌恶残荷，但在林黛玉的启发下又重新看待残荷并发现其美，陶行知称之为"心理的创造"，即产生新的观念或理解。

陶行知的"创造教育"首先取物质创造的涵义，"教人发明工具、制造工具、运用工具"，因而他认为"教育有无创造力，也只须看他能否发明人生新工具或新人生工具"（胡晓风等，2005：224）。只有发明工具、制造工具、运用工具，才称得上是真正的教育。同时，观念的更新和开拓也是陶行知强调的重点。"敢探未发明的新理，即是创造精神；敢入未开化的边疆，即是开辟精神。"（胡晓风等，2005：62）如他对"创造的教育"之定义中指出，最初中国抛弃了一切传统的做法，采用了新的制度，然后逐渐认识到，旧的东西未必坏，新的东西未必好，因此，中国的教育工作者以质疑、审查、实验和选择的态度对待外来事物而变得更加慎重。他认为这种"批判的和实验的态度"有助于通过吸收国内外新旧事物中的精华而产生适合中国人生活的教育，因而是创造性的，并且这种创造已经开始（胡晓风等，2005：156）。由此可见，"心理的创造"、"创造性"是在已有条件的基础上寻求一种新的观念、新的发展模式。

在陶行知那里，"创造"包括工具的制造发明与精神、观念的革新，因而其创造教育的目标是"手脑双全"，是拥有"健康的体魄，农夫的身手，科学的头脑，艺术的兴味，改造社会的精神"；集体创造的目的也在于运用有思考的行动产生新的价值，将物质的创造与心理的创造相结合。如陶行知于 1941 年 6 月至 7 月实施"集体创造月"活动，主张集体创造的目的是："创造健康之堡垒；创造艺术之环境；创造生产之园地；创造学问之气候。"（胡晓风等，2005：682）其创造性主张包括身体和精神、劳动和读书即身心两方面的发展，创造教育的目标是"完整的人"。

（2）"行动"的重要性

无论是物质创造还是精神创造，陶行知都十分注重行动的重要意义。陶行知对创造的定义是："由行动而发生思想，由思想而产生新价值，这就是创造的过程。"(胡晓风等，2005：442)与胡适主张创造需重视学习和模仿不同，陶行知尤其强调"行动"。

陶行知的创造思想是在杜威"创造的智慧"基础上补充"行动"这一步骤而形成。他介绍杜威"创造的智慧"这一学说，即思想的过程可分解为五个步骤：(1)感觉困难；(2)审查困难所在；(3)设法去解决；(4)择一去尝试；(5)屡试屡验，得到结论。在此基础上陶行知认为，应该在第一步"感觉困难"上增添一步，即"行动"。"因为惟其行动，到行不通的时候，方才觉得困难，困难而求解决，于是有新价值的产生。"也就是说，只有行动才能遇到疑难、发生困惑而产生真正需要解决的问题，因而行动是促成创造的前提条件。他阐述："有行动才能得到知识，有知识才能创造，有创造才有热烈的兴趣。所以我们主张'行动'是中国教育的开始，'创造'是中国教育的完成。"(胡晓风等，2005：449)行动是创造的起点，行动是思想的基础。因此他关于创造的名言是："行动是老子，思想是儿子，创造是孙子"，指出创造的第一步是行动，第二步是杜威所说的思想。当然他也论述，仅靠思想或单独的行动都无法进行创造，"……要创造，非你在用脑的时候，同时用手去实验，用手的时候，同时用脑去想不可。手和脑在一块儿干，是创造教育的开始；手脑双全，是创造教育的目的"(胡晓风等，2005：442)。手指行动，脑指思考，陶行知强调两者的结合才能最终产生创造。

陶行知关于创造的观点受到杜威思想的影响，强调"行动"的意义不可忽视。他阐述"创造"一词基本等同于"做"，认为"创造"是"做"的最高境界(胡晓风等，2005：449)。他主张教育是教、学、做三者合一，"做"的定义是"在劳力上劳心"，即在精神和体力上"手脑并用"，它包括(1)行动；(2)思想；(3)新价值之产生。这一定义与"创造"的定义基本一致。"做是发明，是创造，是实验，是建设，是生产，是破坏，是奋斗，是探寻出路。""创造"与"做"同义，是行动的产物，这不同于胡适把创造阐释为模仿和学习的最高境界。陶行知延续了杜威对思想、创造进行步骤分解的认识方法，意味着创造活动及其能力是一项所有人都可以通过学习和训练而培养的技能。

2. "创造力"——有待解放的力量

从其描述来看，陶行知视创造力为一种潜在于每个人身上的、天生具有的才能，它需要由外在环境唤醒，需要获得机会而施展。他论述创造力在以往环境下被掩盖、被抑制，教育的真正目标就是要将其解放，使其得以发挥。他所关注的拥有未被解放的创造力而需要教育唤醒的对象，主要是大众和儿童。

(1) 大众创造力的解放

陶行知首先肯定大众的创造力，指出文化是由大众所创造的。"大众是文化的创造者。最初连语言文字都是从劳动中产生出来的……石斧、石刀、种地、造房子不是什么圣人发明的，乃是许多劳苦大众一点一点地积起来的贡献。"陶行知甚至认为近代工人在发明上作的巨大贡献被科学家所窃取，由大众所创造的文化被小众所独占(胡晓风等，2005：574)，明确指出文化是劳动者们的成果，是他们的双手造就了文化。而大众的创造力和儿童的创造力一样，"是我们千千万万的祖宗在至少五十万年以来与环境不断奋斗的结果"(胡晓风等，2005：736)。

其次，陶行知指出这些创造力在以往被埋没而没有机会展现。"这些青年人被迫过着比学者们还要艰难的生活，把他们的创造能力空耗于不适合他们才能的职业……没有机会，也得不到鼓励来表现他们的才干……"(胡晓风等，2005：732)他认为，封建帝王的专制时代，创造要顺乎皇帝的意旨，而且能够进行创造的仅限于少数人。与其不同，民主时代的创造，是给每个人以同等的创造机会，"每一个人之创造力都得到机会出头，而且每一个人的创造力都能充分解放出来"。培养创造力的目的就是实现"创造的民主和民主的创造"。因此，陶行知主张教育的使命是要将大众身上沉睡的力量唤起，启发老百姓的智慧、培养老百姓的创造力(胡晓风等，2005：736)，这意味着造福于大众；而人民的"大德"之一也是创造，即将解放出来的力量充分利用、施展，"创造新自己、创造新中国、创造新世界"（胡晓风等，2005：793）。他认为创造力解放所带来的新文化创造，既是社会进步的特征，也是促进社会更进一步的动力（胡晓风等，2005：577）。他论述培养老百姓创造力的方法（胡晓风等，2005：755-756），与儿童创造力的培养方法大体一致，需要解放眼睛看事实、解放头脑思想自由、解放双手动手行动、解放嘴言论自由、解放空间接触大自然大社会、解放时间摆脱劳碌，有了这六大解放，创造力才能充分发挥出来。

在陶行知的论述中，创造力是大众身上潜藏的巨大才能，它同样是先天继承而来。然而封建专制束缚、抑制了普通大众的天赋和才能，无法提供均等的机会给每一个人，指出新社会的教育应该担负起挖掘、刺激和提升大众创造力的任务。在创造力概念的基础上，陶行知重新定义了教育的使命，指出教育本身不能创造什么，但它能解放大众和儿童的创造力以从事于创造工作。从概念的特点来看，创造力被描述为渴望获得展现的空间，这一能力的培养意味着天赋才能获得平等的机会得以展现，是造福于大众。可见创造力既被视为一种能力，也代表着一种社会成员应该享有的权利。

（2）儿童创造力的解放

陶行知在其儿童教育的论述中强调认识和解放孩子身上的创造力。首先，他认为这种创造力由遗传获得，其大小有赖于环境的作用。"儿童的创造力量是千千万万祖先，至少经过五十万年与环境适应斗争所获得而传下来之才能之精华，发挥或阻碍，加强或削弱，培养或摧残这创造力的是环境。"（胡晓风等，2005：718）因而，教育的意义就在于，依据儿童自身的条件，将其身上的创造力挖掘出来，进行培养和提升。

其次，陶行知指出解放儿童创造力的方法。他认为，要真诚地发现儿童的创造力，在真正认识和承认小孩子有创造力之后，才能进一步使儿童的创造力发挥出来。进而提出应从五个方面解放儿童的创造力（胡晓风等，2005：720-723）。第一，解放小孩子的头脑。儿童的头脑被传统所形成的迷信、成见、曲解等不科学的认识占据，发展儿童的创造力，先要把儿童从这些错误的认识中摆脱出来。"……中国的儿童，青年成人……要把裹头布一齐解开，使中华民族的创造力可以突围而出。"第二，解放小孩子的双手。中国对于儿童的教育偏重知识和规矩，而不许动手，动手要打手心，这是对儿童创造力的摧残。第三，解放小孩子的嘴。指出中国的一般习惯是不许多说话，缺乏说话的自由和提问的自由，只有去除这种约束和禁锢，才能增进知识和充分发挥他们的创造力。第四，解放小孩子的空间。即打破学习空间的限制，让他们去接触自然环境，接触大社会中的三教九流，向古今中外三百六十行学习。陶认为，创造需要广博的基础，解放了空间的限制，才能获得丰富的学识和开阔的眼界，才能发挥个体内在之创造力。第五，解放儿童的时间。在学校之外，使儿童获得学习人生的自由时间，有利于产生创造的愿望和倾向。"一般学校将儿童全部时间占据，使儿童失去学习人生的机会，养成无意创造的倾向，到成人时，即有时间，也不知道怎样下手去发挥他的创造力了。"

由上来看，陶行知认为创造力是先天继承的"才能之精华"，环境因素决定它能否以及在多大程度上得以展现，并论述这种才能以往被埋没、被忽视。在解放儿童创造力的方法中，陶行知批判传统文化所形成的迷信、偏见，批判"不许动手"的传统教育观念，批判不许说话的"中国一般习惯"；批判埋头于书本的读书方式；批判学校对儿童的全面管理损害了儿童的兴趣和自发意志。这些措施都直接或间接地反对、批判中国传统的价值规范和教育观念，传统的"读书人"的培养方法被视为扼制、削弱创造力的力量。在陶行知的论述中，创造力是一种建立在自由、自主的个体活动之上的能力，它的发挥与传统价值规范处于矛盾和冲突的关系之中。

在关于儿童和大众创造力的表述中，可以看到陶行知创造力概念的两个特点：首先是普遍性，即创造力是人类世世代代与环境斗争而积累的能力和智慧，每个人都继承了这种能力，并非只由精英所拥有。其次是潜伏性，其论述中每个个体能否充分地发挥创造力，创造力展现程度的强弱，取决于外在环境所提供的条件。在此基础上，他批判中国封建社会的帝王专制、传统价值规范和传统教育理念使大众的创造力受到压制和摧残，教育的任务就是将每个人的创造力引导出来，加以培养和提高。因而，陶行知的"创造力"是一种每个人身上处于潜藏状态而等待被激活的力量。此外，在陶行知的论述中强调行动的重要性。发展创造力的方法除了"六大解放"去除传统教育规范的抑制作用外，须在行动的基础上实现创造，即前述的"手脑共用"。综合陶行知关于创造力及其训练的论述，可将其创造力概念的特点主要归纳为三点：普遍性、潜伏性、行动性。普遍性源于它是一种生而有之的才能，潜伏性则要求后天环境加以引导和发展，而行动性意味着需要脑力劳动与体力劳动相结合、知识分子与工农大众相结合。

（二）创造力内涵的特点与创造教育实践

陶行知将创造力作为一种个人的能力和需要进行阐述，这一观念已经近似现代中国社会对创造力的理解。作为个人能力和需要的创造力观念是在何种语境下主张、运用？它们与当时中国社会问题和社会变动有着什么样的关联？

创造教育的主张是面对国家危机寻求救国图强，旨在发动和联合民众的力量。陶行知认为教育是进行社会改革和社会建设、挽救中国危亡的重要途径，"创造"的呼吁旨在唤起"大多数人的力量"。他批判中国传统教育下的知识分子阶层轻视农民、工人，使基层民众的巨大力量没有被充分重视和调动起来。对传统知识分子发出质问："……试问他们的力量有多么大？倭奴侵占我们的东三省，你有力量赶走他吗？不可能！我们要启发小孩子，启发农人、工人，运用大多数人的力量，才能够去创造，才能救国雪耻。"（胡晓风等，2005：446）因此主张培养农民和工人，让他们获得知识才是真正的创造教育。同时主张乡村学校的作用是"把学校与村庄沟通，大学生都负责去创造新村，村上的人，都接受到知识，形成活泼的有力量有生命的村庄，再把全中国所有的村庄联合起来，构成一个有大生命的中国，民众的力量可以集中，国难也可以共赴"（胡晓风等，2005：448）。中国社会的危机是创造教育和创造性观念得以形成的语境，具有普遍性、潜伏性的创造力概念，不仅是对民众力量进行重新评价的方式，也与陶行知所代表的新型知识分子发动和联合民众力量相呼应。关于创造力的主张暗示着知识分子同大众关系的改变，能带来社会整体力量的增长。

如前所见，陶行知以创造和创造力为依据，重新定义教育的任务，不仅如此，他还在创造教育主张中肯定大众的立场，重新设定教育资源分配模式、调整文化资本的符号构成，改变教育场域的权力关系。

1. 创造性观念与教育资源的重新分配

民众创造力的唤醒与发动需要对教育资源的分配方式进行调整。陶行知批判传统教育制度下教育资源在阶层之间的不平等，指出这使得基层民众与教育资源相隔离，老百姓的创造力被忽视，没有机会得到启发和培养。他抨击传统教育是属于少数人的，是士大夫的教育，"教人升官发财的教育，没有力量的教育；甚至变成害人的教育，刮地皮的教育，吸大众膏血的教育"（胡晓风等，2005：477）。他批判废除科举以后的民国教育也是不平等的畸形发展，知识分子城市化、贵族化，与民众社会的脱离，同时知识分子集中到城市进一步加剧了教育资源分配不均，学校和师资在城乡之间差距悬殊，城市的师范学校对乡村的需要无法适应和满足。"中国乡村教育走错了路！他教人离开乡下向城里跑，他教人吃饭不种稻，穿衣不种棉，做房子不造林；他教人羡慕奢华，看不起务农；他教人分利不生利；他教农夫子弟变成书呆子；他教富的变穷，穷的变得格外穷……"（胡晓风等，2005：210）因此，教育的现代化和城市化并未改变教育资源的垄断。"一方面有博士、硕士；一方面有一大群无知识的民众。"

中国的危机需要民众力量的发动，创造教育要求知识分子回到乡村，关注以往被教育忽视的、难有机会接触教育资源的基层群体。陶行知根据创造力的概念重新定义知识分子的使命，是启发和培养农民、工人、学生，是帮助"前进的大众"（胡晓风等，2005：448），是"教导乡下阿斗做中华民国的主人"，使他们被忽略的、潜藏的才能可以发展出来，这才是教育的目的。"真正的创造的社会教育，是要培养老百姓的创造力。"（胡晓风等，2005：734）因此，他主张"亲大众"，让文化、精神、学术"下凡"，提出"文化下凡四部曲"：第一，钻进老百姓的队伍中去，与老百姓站在一条战线上，同甘苦，共患难；第二，熟悉老百姓，要说出老百姓心中所要说的话；第三，教老百姓；第四，与老百姓共同创造。（胡晓风等，2005：734）

国家危机促进了关于中国阶层之间教育平等的思考，创造力概念的特点以及创造教育的宗旨和作用之一，在于成为一种新的理论依据，促进教育资源的平等分配。

2. 创造性观念与文化资本构成内容的转换

通过创造性观念，陶行知对中国传统社会用以维持权力和地位的文化资源的符号意义进行重新阐释，试图调整文化资本（布尔迪厄）的内容构成。其创造教育主张一方面降低旧知识分子所重视的学问内容、生活方式、个人修养的符号价值，另一方面接受基层民众的立场，肯定他们在社会生活中易于积累的文化形式，赋予其重要性和文化资本的涵义。

陶行知批判传统教育将学校与社会隔离，将生活与教育隔离，劳力与劳心分家，轻视行动和实践。他指出自有人类以来，社会与学校是一体，生活与教育是一体，士大夫之所以不承认它，是因为他们有特殊的学校给他们的子弟受特殊的教育。抨击传统知识分子对教育资源垄断性占有，将其变成用以维护地位和权力再生产的文化资本。创造的教育，要打破传统教育中学校与社会的界限，"以社会为学校"、"生活即是教育"；让劳心者也劳力，劳力者也劳心，"手脑共用"，认为行动才是知识和创造的前提。强调物质的生产、参与劳动和实际的社会生活的重要性，不仅打破传统教育对文化资本的占据，也使得读圣贤书、脱离生产实践在"劳心者治人，劳力者治于人"这一等级秩序中所具有的资本价值被削弱。他论述中国的读书人应该"为自己创造，为社会创造，为国家创造，为民族创造。更要把他们的一双手解放开来，使他们为自己生利，为社会生利，为国家生利，为民族生利，这才是对的"（胡晓风等，2005：440）。参与生产、行动和创造被论述为"读书人"社会角色的新的价值要素。

同时，创造教育思想肯定了民众的劳动和能力的价值。陶行知指出文化本就是由大众所创造的,"最初连语言文字都是从劳动中产生出来的……石斧、石刀、种地、造房子不是什么圣人发明的,乃是许多劳苦大众一点一点地积起来的贡献"(胡晓风等,2005:522)。认为近代工人在文化创造上的能力和贡献没有得到正确的评价,主张将创造文化的荣誉从小众中解放出来,赋予基层的大众。此外,创造教育注重行动,强调民众日常生产劳动中"劳力""用手"的重要性;减弱"劳心"的价值、提升"劳力"的价值。创造教育主张知识分子与民众相互转化而互补,可增强彼此的力量,"把知识分子变成工人,把工人变成知识分子"。这样的论述一方面将民众的劳动纳入文化资本之中,使其与知识、学问、思想等具有同样重要的符号意义,另一方面减弱传统知识分子所拥有的文化资本的符号意义,缩小了两者间文化资本的差距,使两者成为对等和互补的关系。

如陶行知主张改变考试制度,"停止那毁灭生活力之文字的会考,发动那培养生活力之创造的考成"(胡晓风等,2005:474)。批判仅仅重视书本知识的会考方式消灭民族的生存能力。而"创造的考成"内容包括三个方面:第一,校内师生及周围人民的身体强健了多少?有何证据?第二,校内师生及周围人民对于手脑并用已经达到什么程度?有多少是获得了继续不断的求知欲?有何证据?第三,校内师生及周围人民对于改造物质及社会环境已经达到什么程度?有何证据?这显示关于"创造"这一个人能力和学习成果的评价标准,在于体魄健康程度、在社会生产实践活动学习的状态、对社会生活实际发生的行动和作用这三个方面。提出一种评价体系,便提出了对能力进行衡量并赋予价值的方法。创造教育的主张改变了具有符号价值的事物,提升物质、劳动、实践、社会参与的意义,试图以创造为根据重新定义个人和团体所拥有的文化资本的内容构成。

3. 创造性观念与教育场域权力关系模式的调整

在教育方式上,陶行知论述以创造为宗旨需要摆脱传统士大夫的行为规范和教育理念,形成民主的教育组织。他指出创造力最能发挥的条件是民主,不民主的条件下只有少数人能够发挥才能,要面向广大民众"大量开发人矿中之创造力",便只有民主的环境下才能实现(胡晓风等,2005:723-724)。而且民主使人自主、自动,在民主而非专制的条件下,人民才能在自觉的纪律中学习做主人翁。唯有民主能解放最大多数人的创造力,并且使最大多数人的创造力"发挥到最高峰"。陶行知主张民主的程度愈高,则创造愈开放、愈好(胡晓风等,2005:736)。

针对传统教育师生界限严明,首先,陶行知主张要贴近大众的立场、进入大众的生活和感受。"真正的教育,必须使学者和人民万物亲近。"(胡晓风等,2005:278)提出缩短知识分子与大众的社会距离,在思想上情感上与大众合一。其次,创造教育要求两者之间的关系更加平等、民主,主张"教者、学者既是朋友,便须以平等相待,以至诚相见,尤须共同在劳力上劳心,以谋事业之进步"(胡晓风等,2005:331),提出去除等级界限,建立平等、合作、互补的新的关系模式。此外,创造教育还强调大众的主体地位,尊重大众自身的愿望,以充分培养调动乡村固有的力量。他指出,民众活动通常有三种模式,劝民众干、替民众干、和民众一同干。劝人干的知识分子并不参与干的过程,是处于民众之外的旁观者,替民众干是知识分子包办,使民众变成旁观者不能参与。因而只有知识分子加入民众当中和他们一起干,才是最有效的培养和改造。因此教育者不是高高在上,也不是赈济施舍,他们的角色是从旁推动、辅助农民自身创造力的提高。

陶行知的创造教育主张试图改变传统知识分子对教育资源和文化资本的垄断,关注大众的立场、赋予大众生活和劳动以价值意义,同时改变教育场域中权力关系的模式,试图形成教育者与受教育者之间更加平等和民主的关系。这些显示,以创造为根据,陶行知的教育力图缩小知识分子与大众之间的社会距离,提出新的交往模式。

4. 创造力的阐释与知识分子的社会改造

由上看来,陶行知所主张的创造力概念的普遍性、潜伏性、行动性,与其在救国图强的社会改造愿景下,改变知识分子与大众之间关系模式的过程紧密呼应而相辅相成(见图6-1)。

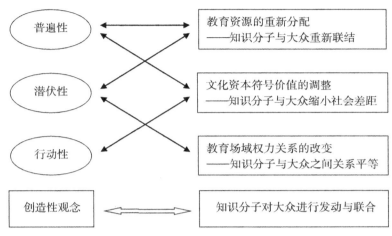

图6-1 陶行知创造力概念的特点与社会变革

首先，创造力的普遍性意味着民众力量的重新估计，创造力的潜伏性使得知识分子所承担的教育使命获得新的阐释。面对民族危机和社会问题，创造性观念的主张和兴起与新型知识分子对民众力量的重新发现相呼应，新型知识分子以此为依据重新定义自身的社会责任和社会角色，即唤醒和培养民众本身所具有的、巨大却被忽视的力量，成为改造社会的主导群体。科举废除后知识分子流向城市，造成城乡分离，创造教育思想主张知识分子与大众紧密联系，需要知识分子再次回到乡村社会与基层民众直接接触，意味着教育资源分配方式的反思和调整。

其次，创造力的普遍性肯定了民众的能力和劳动价值，间接削弱了传统知识分子在文化创造中的贡献。创造的前提条件是行动，这使得劳动者的生产和实践被赋予重要意义，其符号价值得以提升；以这一创造性观念为衡量标准，传统知识分子远离物质生产，轻视劳动的知识积累、治学理念、生活方式等，符号价值降低，作为维护和加强自身地位的文化资本的意义被削弱。陶行知强调手脑共用、行动与思想结合的创造性观念，试图打破原有文化资本的构成内容，缩小知识分子与民众之间社会地位的差距。

最后，发动普遍潜藏着创造力这一目标，建构了一种新的教育场域的权力关系模式。创造力是一种个人身上潜藏的能力，教育者的任务是唤醒、诱导和训练，这一能力的概念不同于知识和规范，它无法强制或代行，只能从旁进行辅助以促进。创造力的性质要求改变教育过程中等级化的权力关系，反对以教育者为主体自上而下的传授方式，尊重受教育者自身的意志，形成更加平等的交往方式以及更加民主、开放的知识生产方式。

概言之，创造教育的思想在建构近代民族国家、挽救民族危亡的语境中生成和运用，这一教育思想是陶行知作为知识分子对国家、社会、教育进行反思和规划的一环。陶行知将这种个人能力既视为先天继承的本质属性，也认为其具有后天可训练可操作的性质。而这种个人能力的重新定义与知识分子重塑与民众的关系模式相互呼应，是 20 世纪三四十年代面对国家危机，中国现代知识分子对民众力量进行发动和联合的重要依据和途径。

(三) 创造教育思想与阶层关系

上述分析显示，陶行知的创造力概念与知识分子-大众之间关系的调整、设定紧密联系。创造教育和创造思想是陶行知所代表的教育知识分子的规划和主张，关注的创造主体主要是基层文化程度较低的民众，创造教育涉及的主要方面是教育者与受教育者，即知识分子面向大众发挥作用的过程。此外，其创造思想还与传统知识分子即士大夫，以及基层知识分子有着密切的关联。概括来说，陶行知所代表的新知识精英倡导推行创造教育，试图建立与传统士大夫不同的社会角色，重新发动和团结大众的力量。

1. 创造教育与知识分子的自我定位

从前述陶行知关于中国社会问题与民族危机的主张中，可以看到他把教育视为解决的途径，承担教育的知识分子群体便成为中国社会得以发展进步的关键角色。创造教育正是这一主张的集中体现，其逻辑思路是教育机制和教育方式的改变使得个人能力更多地发挥出来，而个体能力的发挥将使整个社会的力量得以壮大。改造教育意味着改造个人，改造了个人便也改造了社会。陶行知认为"改造社会而不从办学入手，便不能改造人的内心；不能改造人的内心，便不是彻骨的改造社会。反过来说，办学而不包含社会改造的使命，便是没有目的，没有意义，没有生气"（胡晓风等，2005：275）。办学和改造社会是一件事，教育就是社会改造，所以"教师就是社会改造的领导者"，知识分子是将被忽视的大多数人的创造力引导出来并团结起来的指导者，是改造社会、引领中国进步这一任务的承担者。

同样，陶行知认为地方教育、乡村教育的目的在于改造乡村社会，从事乡村教育的教师是改造乡村的关键角色。在创造教育的规划中，乡村学校是唤醒孩子和大众创造力的机构，知识分子的任务是使他们的才能得以发展，领导小孩子，领导大众（胡晓风等，2005：96），并将乡村的力量组织起来，因此他们是唤醒乡村和团结乡村的主导者，是"改造乡村生活之灵魂"（胡晓风等，2005：162）。他指出地方教育和乡村改造的成效依赖于乡村教师，所以培养乡村师资是改造乡村社会的先决条件，"是地方教育根本之谋，也是改造乡村根本之谋"（胡晓风等，2005：277）。

2. 创造思想与新型知识分子对传统知识分子的批判

陶行知的教育改革与传统教育是对立的，"创造力"成为新型知识分子对传统教育制度及其代言人士大夫进行批判的依据，在创造教育中，陶行知明确反对传统士大夫的社会角色，反对他们与大众的关系模式，反对他们做学问和从事教育的方式。

创造力的教育旨在组织和提高整个社会的力量，陶行知批判以往传统的教育，专在少数人身上施行培养的功夫，无法组织起大多数人，因而无法产生出足够大的力量；传统教育专注于书本，轻视行动而流于空谈，无法产生真正的力量；用脑不用手，也使读书人只能想出许多解决困难的方法，但生不出力量。也就是说，传统的教育者认识不到创造力的普遍性、忽视创造所必需的动手行动，因而无益于社会力量的增长，也无法运用社会的力量。"不运用社会的力量，便是无能的教育，不了解社会的需求，便是盲目的教育。"（胡晓风等，2005：482）陶行知还批判传统知识分子与大众的关系，反对他们对大众能力的轻视以及对培养大众能力的轻视。他指出当时中国传统教育下的知识阶级根本就看不起农民、工人。他还批评传统知识分子将大众置于消极、被动的角色，没有注重开发他们的能力。"例如有人到乡间去办学办医院，这是替他们做事，所以不会生出力量……惟有加入他们的队伍，才能把地狱变成合理的人间。"（胡晓风等，2005：435-436）潜藏于每个人身上而未被唤醒开发的"创造力"观念，是陶行知抨击传统知识分子对大众轻视、疏远的根据，用以批判传统知识分子的社会角色、教育方式、对待大众的态度无法增强创造世界的力量，无法回应民族危机，因此无法承担引领社会进步的责任。

3. 创造思想与新型知识分子对大众的关系模式

如上所见，陶行知的创造教育是主张知识分子面向大众，从大众的角度改变文化资源分配方式、符号价值分配方式和教育方式。创造力的观念即是知识分子重新看待大众的力量、重视大众的依据，在此基础上，创造力的教育要求知识分子走进大众，培养大众，并以更加平等的方式与基层民众相结合。

首先，陶行知主张要贴近大众的立场、在思想上情感上与大众合一，为大众着想。他倡导从事乡村教育的知识分子把心献给三万万四千万的农民。"我们必须有一个'农民甘苦化的心'，才配为农民服务，才配担负改造乡村生活的新使命。"（胡晓风等，2005：199）他主张实现知识分子与农民力量的联合，"和人民站在一条战线上"共同创造新中国（胡晓风等，2005：773）。其次，陶行知认为知识分子应当先进入大众，成为劳动者集团的成员；然后在与劳动者合作的过程中，农民变成知识分子，知识分子变成农民；最后两者相互融合而不分你我。"这知识分子与农人之合作，就好比是阴阳电之配合，两者配合后，就可以有很伟大的力量发生出来。"（胡晓风等，2005：471）此外，创造教育强调大众的主体地位，强调充分运用和组织乡村固有的力量，知识分子是农民力量的引导者、发动者，须尊重大众自身的愿望。"生活教育者是要教大众依着大众自己的志愿去干，不给知识分子玩把戏。……教大众联合起来自己干，才是真正的大众教育"（胡晓风等，2005：484）。

综上所述，创造教育中，一方面在感情和心理上，知识分子与民众站在同一立场上，平等相待，相互团结融合；同时知识分子对民众自身能力的训练进行发起、支持、辅导，以民众为主体，促进民众自身力量的增长。这两个方面可以印证知识分子对民众力量的联合和发动，同时也再次显示陶行知所主张的创造主体是广大民众，知识分子是他们的创造的引导者、协助者。作为教育改革的依据，"创造性的人"这一阐释将治国救国与教育的使命相联系，作为教育者的新型知识分子与受教育的大众之间的关系得以重新定义。

三、阶层变动与创造观念的传播

本章从阶层变动的角度分析胡适和陶行知对创造性观念的阐述，可以看出作为近代新型知识分子倡导的观念，其内涵与这一群体在社会结构变动中对自我社会角色的寻求和定义相互呼应。创造性观念的建构即社会结构的建构，两者同步一体，创造性观念的模式和涵义是这一群体地位建构的有机组成部分。同时，胡适和陶行知对旧知识分子社会角色的背离不同于疏远或漠视，而是以士大夫为反义项寻求确立自身的权威性。将士大夫作为主要的参照群体和反义项，使得他们为自身群体赋予的使命和意义都以文化、思想、价值观上的争论探讨为核心，这些既是新型知识分子群体最有力的资源，也是最能体现与旧士大夫之区别的范畴。因而以创造性观念为代表的反传统思潮关注思想和文化，也是新型知识分子以旧知识分子为反义项而建构自身的需要。

以往的研究可以印证创造性观念所表达的新型知识分子的自我定位和群体关系调整。甲午战争前后中国知识群体出现分化，新型知识分子逐渐出现而壮大，提出与原正统意识形态不同的新型话语系统(杨念群，1995：180)。1905 年是传统的士与现代知识分子的分界线，科举制被现代教育体系替代。1905 年之前，最后一代士逐渐边缘化到外围，但仍处于王朝权力结构的内部；1905 年以后，现代知识分子处于国家权力的边缘位置上，在政治上也已边缘化(余英时，2007：351-354)。五四新文化运动时期，知识分子第一次从政府走向民间，与国家权力中心相对抗(钱理群，2005：313)；他们把大众的民间文化思想带进贵族文学，动摇传统知识分子在语言文字上以及在社会上的权威的基础(施瓦支，1989：91-96)。因此，从社会结构的变动来看，创造性观念是帝制及科举制废除后，新型知识分子群体崛起的需要，是知识分子建构自身的过程和方法。这一观念的内容，呼应和表达了新型知识分子在社会结构变动中对自我定位的探寻、对与其他群体关系模式的调整。同时，观念的传播方式和社会接受，也受到这一时代阶层关系的影响和塑造。

如陶行知论述培养创造力、进行创造的主体主要是以往被轻视的普通大众，以创造力这一概念为依据，推动知识分子和大众之间关系模式的转换。与之相应，这一观念的表达对象主要是基层知识分子，即未来计划进入乡村工作的学生和青年知识分子。陶行知关于创造教育的言论主要通过三种形式发表。一是在学校中的演讲，如在安徽省立第一师范学校、浙江第一师范学校、金陵大学、上海大夏大学、育才学校等地所进行的演讲；二是在专门培养乡村教育人才的机构的演讲，如面向晓庄试验乡村师范学校、山海工学团、地方主办的民众教育服务人员训练班以及相关教育机构如中华教育改进社的乡村教师研究会上的演讲；三是在报刊上发表文章，包括一般类报刊和教育类报刊，前者如《民国日报》《时事新报》《大公报》《申报》《新华日报》等，后者如《教育与人生》《新教育》《地方教育》《乡教丛讯》《乡村教师》等。在这三种形式的文本中，一般类报纸杂志发表的文章读者相对数量较多，但在当时识字率低下、报纸杂志发行范围有限的状况下，有能力读书看报的人多为农民、工人等基层民众以外的城市社会群体。而在学校的演讲、在乡村师资培训机构的演讲、在教育界期刊发表的文章，其读者大部分是学生、即将进入乡村从事教育工作的人员以及教育领域的人士，尤其是直接表述创造教育主张、倡导和呼吁创造的演讲，主要面向的对象是学历、教育程度、文化资源占有量高于普通大众，但在知识分子群体中尚处于较低阶段的基层知识分子。因此，基层知识分子而非普通民众，是陶行知倡导创造性观念与创造教育主张的对象。陶行知关注的是基层民众的"创造力"，但他主张、倡导、推行的对象是被期待将从事开发、培养民众创造力的基层知识分子。

(一)阶层关系与梁启超创造观念的传播

梁启超对创造性观念的阐述中未显示出对于传统或现代文化精英的明确态度，其论述中对社会群体或身份、地位等属性的意识也较为模糊。在论述文化创造时，他曾将孔子与耶稣一起列为"伟大的创造者"。而在论述中国社会个人的本能和才华受到压抑时，也指出这是由于"学说上惰性的权威"所导致，批判孔子的"知命主义"教人顺应自然，却不教人矫正自然、驾驭自然、征服自然，认为这种消极态度削弱进取的勇气，损害创造力。"中国受了知命主义的感化，顺应的本能极发达。所以数千年来经许多灾难，民族依然保存，文明依然不坠，这是善于顺应的好处。但过于重视天行，不敢反抗，创造力自然衰弱，所以虽能保存，却不能向上，这是中华民族一种大缺点，不能不说是受知命主义影响。"(梁启超，1999：3135)由此来看，在创造性观念中，他对传统文化精英持着既崇敬亦批判的态度。

但从创造性观念的表达和传播来看，当时较低的社会教育水平限制了梁启超观念的传播范围，使之主要限于知识分子范畴内的思想交流，难以实现面向大多数普通民众的直接传播。关于创造的诠释和主张除《饮冰室合集》等书籍之外，主要出现在报刊的文章当中。梁启超非常重视通过报刊进行现代观念的普及(沈继成，1998；王建辉，1999)，认为报刊为"耳目喉舌",能够"去塞求通"、"对于国民而为其向导",是"维新我民"的重要途径。如他曾任 19 世纪 90 年代成立的《时务报》的总主笔,亲自担任了编辑、撰稿、校对等工作。此外,他还在日本创办《新民丛报》,并积极参与策划和支持湖南《湘报》、澳门《新知报》等十多种报刊的运营。在办报和执笔的过程中,为使文章更易被读者接受,梁启超发展出介于古文与白话文之间的"时务文体",该文体以自由不拘、通俗平易、饱含情感为特点,富有打动读者的感染力。这些显示出梁启超面向普通民众传播近代观念的意图和实践,但是当时报刊的实际读者仍是极为有限的一小群人。

以《时务报》为例,当时这一报刊"风靡海内",受到广泛的欢迎,最高销量一万七千多份,根据关于《时务报》研究的推算(闾小波,1994;潘光哲,2006),除自己阅读报刊的直接受众外,通过群体内直接受众的传播而获得该报讯息的间接受众约有一百万人。据当时一位举人的描述,"以无锡言之,能阅《时务报》者,士约二百分子之九,商约四五千分之一,农、工绝焉。推之沿海各行省,度不甚相远"(闾小波,1994),即七成读者是知识分子。相关研究也指出这一报刊主要受众是知识分子和官僚,包括在籍绅士、书院及学堂学生、官吏、少数商人。因此,一系列现代观念主要是在知识分子群体中扩散和获得呼应。这除了由于报刊所处人际关系网络的原因之外,从清末至民国,中国的识字率较低,能够接触和理解梁启超思想观念的人口比例很低。章太炎认为当时中国人民的识字率大约是"十人而三"(章太炎,1977);《剑桥中华民国史》(费正清,1994)认为中国大约 75% 的人口集中在农村,而农村地区 80% 以上的人口没有受过教育(冯和法,1935:52)。据李景汉(1986:235)在 1928 年对河北定县的调查显示,绝对文盲占了总人口的 67.4%,半文盲占 4.2%,非文盲占 28.4%,而该地区还是较早实施农民教育的地区,尚且如此。在乡村建设运动中,据江苏省立教育学院的调查,1929 年黄巷试验区绝对文盲占人口总数的 67.81%,半文盲占实验区人口总数的 22.96%,非文盲仅占实验区人口总数的 9.23%(郑大华,2000:320)。从知识作为一种资源的角度来看,识字率低下是不平等的社会结构造成的文化资源分配不均,创造性观念同其他知识、思想一样，在当时的社会结构下，首先就难以为普通百姓所接触到，更不要说理解和接受。

梁启超的创造性观念在内容涵义上关注普通民众，试图改变民众、激发民众；但这一观念作为表达行动，实际上主要面向的是知识分子。同时，梁启超并没有提出对知识分子的要求或角色设想，也未像此后陶行知、梁漱溟等人那样，通过平民教育、乡村建设运动等活动实际与民众相互接触，或将一部分知识分子作为向民众传播这一观念的中介。据此可以推论，梁启超的创造概念力图向民众进行传播和引导，但他终究无法克服原有社会结构所造成的文化资源分配传播上的断裂。这使其创造性观念的表达行动呈现出这样矛盾的性质：它是主要局限于知识分子群体内部的、对民众的动员。但作为思想的先锋，尽管这一阶段难以抵达广泛的动员对象，但他为此后的抵达奠定了基础、引领了方向。

(二) 乡村建设运动中的创造性观念与阶层关系

梁漱溟的乡村建设运动不仅试图从基层社会建立中国的团体组织原理，也与近代新型知识分子自身社会角色的建构过程密切相联。

首先，在乡村建设运动中，梁漱溟主张知识分子在中国社会变革中的关键地位和领导权。他将中国社会问题的实质定义为文化问题，中国问题的性质决定了解决的方式是"文化改造"，而文化改造的承担主体即知识分子。在梁漱溟的主张中，中国社会问题的性质决定了解决问题的主导力量，因此将中国革命的动力寄望于农民、工人、无产者、被压迫者等群体身上是错误的，革命的主体应是"一社会文化中心之知识分子"。他们具有知识和智慧，代表着整个社会的头脑和理智，"社会众人离他不得"。他主张尤其是了解外界动向、掌握新思想、具有新的知识结构的近代新型知识分子，理所当然成为救亡图存的主要力量。"故我以为中国问题的内涵，虽包有政治问题、经济问题，而实则是一个文化问题……就可知道中国问题的发动，不能不靠其社会中之知识分子，而且必须是最先与外面接触的知识分子。不但问题发动，非于问题有认识的知识分子不可，尤且是解决问题的功夫，即是文化之推进增高，更非富于世界知识的知识分子不办。所以我们说，中国问题之解决，其发动主动以至完成，都要靠其社会中知识分子的。"（郑大华，2000：452）由这些论述可以看出，梁漱溟对知识分子的定位，是处于整个社会的核心，是社会变革的关键群体。结合前文的分析，知识分子进行的"文化改造"，即对人生态度进行重新调整、设定。创造性观念就是这文化改造之一环，是知识分子通过人生态度建立团体组织而改造社会的一项实践。

其次，梁漱溟主张知识分子与农民的联合，乡村建设运动是近代知识分子走近基层民众、对其进行组织和动员的行动。梁漱溟指出乡村建设运动对于中国政治问题的解决具有重要的意义，因为要解决中国社会问题，"其发动主动以至完成，全在其社会中知识分子与乡村居民打拼一起，所构成之一力量"（郑大华，2000：450）。知识分子必须与乡村民众的力量联合起来，农村社会的基层民众是"所谓革命的知识分子所必凭借的社会中潜伏之一大力量"。梁漱溟分析中国社会的成分，除知识分子外，重要的群体包括军人、工商业者、农民，其中农民的力量虽然尚不显著，但是潜力巨大。"知识分子今后要想在解决中国问题上表见力量，非与农民联起来，为农民说话，以农民作后盾不可"（郑大华，2000：460）。他回顾中国社会运动的发起者主要有二：一是了解世界局势的知识分子，一是不了解外界状况的农民。以往革命运动不能成功就在于两种动力的隔离，知识分子与民众上下缺乏沟通。民众没有知识分子的指导便行动盲目，知识分子缺乏对现实问题的理解而脱离实际，因此，要真正解决中国的问题，必须合二为一，将农民的力量与知识分子的力量相结合。"如果这上层动力与下层动力总不接气，则中国问题永不得解决；而上下果一接气，中国问题马上有解决之望。"（郑大华，2000：458）在此基础上，他认为引导二者结合的工作，需要由知识分子来进行。"换句话说，革命的知识分子要下乡间去，与乡间居民打拼一起拖引他上来。"（郑大华，2000：457）这是革命的知识分子所必凭借的途径。他主张知识分子下乡后，知识分子和农民都会受益而弥补原有的不足，双方接近将产生出一个新的动力，"仿佛下层动力得了头脑眼目，又像上层动力得了基础根干"。梁启超主张，并不需要知识分子全都下乡，但在比例上，下乡者应当占知识分子的大多数。

乡村建设运动正是梁漱溟这一观点的实践，知识分子进入乡村基层，与农民的力量相接近而谋求结合。知识分子如何与农民相结合？梁漱溟与陶行知一致，主张知识分子起到的作用不是代替农民做事，而是要唤起他们自身的觉悟和力量。知识分子在乡村建设运动中通过"乡农学校""村学乡学"等形式，促进农民合作、使他们联合而形成团体组织；帮助他们形成公共观念，积极参与团体的协商；协助他们找到解决问题的办法；鼓舞他们向上进取的人生态度等。他还指出知识分子下乡不是要充当农民的代表，而是帮助他们认识到自身面临的问题并想办法解决；也不能"以知识分子的意思为农民的意思"，目的是"将乡下人搅动起来"，使农民形成组织而联合。由上可见，乡村运动中知识分子的角色是引导和促进农民进行合作形成组织，而创造性观念的主张唤起农民自身的活力，引导他们相互合作而建立团体，是进行这种引导的重要途径。梁漱溟将知识分子设定为中国社会变革的主导者和社会力量的引导者。

(三) 知识分子的角色转换与创造观念的传播

1905 年科举制度废除以后，中国社会上升流动的路径改变，大批知识分子从乡村走向城市。其后果是造成城乡分离，知识分子逐渐成为城市的"智识阶层"，而乡村读书人数量日益减少、平均识字率逐渐降低，文化权威的缺失导致乡村社会发生"武化"。(余英时，1997；罗志田，2006)从社会结构变动的角度来看，陶行知创造性观念的主张是城市化的新型知识分子试图重新进入乡村，对民众力量进行发动和联合的依据和方法。陶行知的创造性观念强调行动是产生创造的前提条件，并将创造力阐述为普遍性和潜伏性的才能。这种涵义代表着对个体能力的一种新的评价尺度和评价方法，本书的考察显示，它们代表着现代知识分子对中国问题的一种回应，以及伴随而来的、与大众之间新型关系模式的建构。

创造主张批判知识分子的城市化、贵族化、与民众社会的脱离，指出知识分子集中到城市使教育资源分配不平均，学校和师资在城乡之间差距悬殊，城市的师范学校对乡村的需要无法适应和满足。不论乡村建设运动还是创造教育，面临民族危机和社会问题，知识分子将自身定位为改造社会的领导者，反对和消解传统教育制度下知识阶层的权威，重新发现和审视民众的力量，通过基层知识分子，将教育资源、文化资源向基层民众普及并重塑与大众的关系。在此过程中，城市化的新型知识分子重新进入乡村，尝试以新的价值和规范树立在农村的文化和教育的权威地位，掌握在乡村社会的文化领导权。从社会结构变动的角度来看，创造性观念的角色和作用可归纳为以下几个方面。

首先，创造性观念的主张，既是新型知识分子面临中国社会问题对自身社会地位以及与其他群体关系进行转换的一种行动依据，也作为一种衡量标准或准则设定了新的关系模式。知识分子需要联合大多数人的力量，拉近与大众之间的社会距离。与此相应，"创造力"是一种被埋没的、等待开发和诱导的力量，它可以开拓未来，是积极而巨大的能量；而"创造"也是将知识分子与大众各自熟悉和擅长的领域相结合而互补，强调手与脑的共用、行动与思想的结合；培养创造力要求二者之间的关系去等级化而趋向平等、民主、友好。此外，依据创造力发展和创造产生的标准，批判传统知识分子的价值规范和教育方法，批判现代教育机构建立后知识分子社会角色及其社会作用的弊端，在设定自身群体新的社会角色的过程中运用了创造性观念，同时也重新塑造了创造性观念的涵义。社会地位和社会角色的转换需要建立新的关系模式，这些关系模式的因素烙印在创造性观念之中，使它在核心内容之外，还指向阶层关系模式的转变，并由此意味着一种更加开放的知识生产方式。

但是，在知识分子重新进入乡村的过程中，创造性观念主要是知识精英向基层知识分子的鼓动和宣传，而培养知识分子进入乡村改造乡村的计划由于日本的侵略战争而中止，因而创造性观念对于民众来说并未深入人心。这同时是由于知识分子与大众之间的话语隔膜。创造一词，对于当时的基层民众来说是陌生而难以理解的概念。梁漱溟意识到知识分子与民众的话语距离，提出在面对农民时将创造一词翻译成"努力"，但陶行知未显示出这种顾虑，他在少数直接面对大众的文本中仍旧使用"创造"一词。如在用四川方言对农民进行宣传的通俗刊物《活路》上，他号召农民"要联合互助；要争取解放；要创造出自己的生路！"（胡晓风、金成林等，2005：775）在创造教育中，知识分子欲走近大众，但观念在传播途径中并未打破两种群体之间的距离和隔膜。

综上所述，创造性观念的形成和运用代表和建构着知识分子与大众之间关系的变化，在阐释过程中，创造既是国家社会的需要，也是个人力量的充分展现，创造力概念代表着对每个个体力量的重新发现和估计，也意味着与传统关系伦理规范不同的社会交往方式。在创造性观念中，国家、个体、关系伦理得以重新阐释、重新联系在一起，作为一种个人能力的创造力概念是其中一个有机组成部分。同时，如果将创造性观念本身作为一种思想资源，其传播结构显示为：文化精英接受西方的个人主义思潮，在此基础上补充和加工形成自身的主张，而后主要面向基层知识分子进行宣传倡导，以期通过他们实现对工人、农民等广大民众的传播和影响。创造性观念的基本传播路径是"西方国家—新型知识精英—基层知识分子—民众"，但实际的传播和接受主要到达基层知识分子一级。这些提示，关于20世纪上半期个人主义兴起后逐渐衰退的原因，阶层变动的视角可以补充和修正"救亡压倒启蒙"这一观点。

第七章　公共话语中"创造性"的价值建构[①]

中国 20 世纪上半期"创造性"价值兴起，其基本涵义包括创造精神、创新性、创造力等内容。这不仅由于创造性是布尔迪厄所列举的身体化的文化资本的内容之一（布尔迪厄，2015），也是中国社会追求现代化的过程中新出现的一种文化资本。中国古代的"创造"词义与现代接近，但它使用频率低，其价值在中国传统文化和思想观念中很少受到关注。20 世纪上半叶，包括创造价值在内的一系列现代观念从西方导入中国，新文化运动期间"创造"成为受到广泛关注与推崇的概念。40 年代末建立社会主义国家时，创造性已成为社会生活中普遍认同和使用的概念，在报纸杂志中频繁出现。不过，此时多为一种外来概念，有关创造性、创造力的观念更多地停留于公共话语之中，成为一种未被充分内在化、身体化的文化资本。时至今日，创新、创造性已成为政治、经济、教育领域的重要目标和竞争标准，但依旧与自我建构、日常关系伦理等有隔膜之处。因此，中国的创造性是在话语层面被不断赋予价值的一项文化资本，为考察开放、变动的文化资本内容提供了具有启发性的个案。

创造如何被赋予价值？本书分析表明，创造观念所阐释的人性本质与人格特质具有丰富的公共性涵义，这与它作为文化资本的社会意义之间构成怎样的关联？布尔迪厄指出，支配阶级将自身的文化价值规范传递给个体，以分配、确定社会特权，并取得社会成员对其合法性的共同认可，因

[①] 本章部分内容曾发表于 Chinese Sociological Dialogue, 2016(2)，原文题为 A Case Study on the Formation of Cultural Capital：The Value Construction of "Creativity" in Chinese Modern Public Discourse。

此文化是一项获取和表现社会地位的资本，一种人格、能力、精神气质作为统治地位意识形态内化的产物，具有促使不平等阶层秩序持续再生产的作用(布尔迪厄，2003：79-100)。现代社会的思想、艺术、教育等很多文化范畴都主张以平等为宗旨，那么它们本身所强调的理念与其作为一项资本对社会阶层等级的维持作用之间是什么关系？通过考察创造性何以成为有价值的资质或能力，如何趋向于形成一项新的文化资本，可以理解文化本身的共同体涵义与其资本涵义之间的关系。

创造性观念所倡导的价值内涵显示出与文化资本社会等级区隔功能明显相异的内容。"创造"一词在西方使用方法的转化本身就要去除阶层之间的文化差距，主张创造并非贵族的特权，所有人都可以成为文化创造者、都可以平等参与和分享文化过程(威廉斯，2005)。在中国，梁启超和梁漱溟受柏格森"创造进化论"和罗素"创造冲动说"的影响，将创造视为人的普遍需要和人生的本质，努力面向普通的社会大众进行动员；胡适和陶行知受到杜威民主教育思想的影响，都不同程度地肯定民众在历史上进行文化创造的能力和贡献，主张所有人经过培养和训练都可以拥有创造精神和创造力。因此，思想家、改良者们关于创造的思想都以平等、去等级化为重要内容。这样一种在内涵上明确反对阶层差异的观念，与其作为文化资本促进等级秩序再生产的功能相悖。那么在文化精英的初期倡导之下，在大众传媒等公共空间中的讨论与传播中，其内涵与功能之间是何种关系？

本章对民国期刊中关注创造性的文本进行考察，分析最初由文化精英推动的这一新观念，在报纸杂志等媒体公共话语社会生活如何确立价值、这一词语及其观念在社会公共空间当中被如何理解和运用。通过考察20世纪上半期公共话语中创造性价值的兴起，揭示中国现代社会中文化资本的形成过程，探讨文化的公共性内涵与其资本性质之间的关系。在分析的方法上，将基于文化资本理论所涉及的个体心智结构与社会结构这两个方面，考察有关创造性的话语在个体层面以及在社会群体层面分别阐述何种内容，其依据又在于何处，如何为创造性、创造力赋予价值。根据对民国报纸杂志的分析，创造精神与创造力在中国社会作为一项新型文化资本的形成是文化全球化的产物，其价值得以引入和生成的动力在于中国现代国家共同体的建构及国内社会阶层之间的竞争。对于国家共同体的公共性意义的增强，使"创造"转化为被争相获取和解释的资本性概念，其传播和运用的过程中增强了差异化的涵义而向文化资本转化。

一、报刊文章的统计与分类

本书所考察的 20 世纪上半期关于创造性观念的文本主要来自"大成老旧刊全文数据库"。以文章题目中出现创造一词为指标检索，共获得 545 篇文章①。从检索结果的数量统计来看（如图 7-1），题目冠以"创造"的文章自 1919 年后逐渐增加，30 年代每年 10~20 篇，40 年代基本上每年 20~30 篇，1949 年达到最高值为 75 篇，显示创造一词在 20 世纪上半期逐渐得到广泛的使用和认同。在对 545 篇文章内容进行了解的基础上，选出其中对创造直接进行论述或主张的文章共 74 篇，作为本书重点考察的对象。与其他类文章相比，这些文章能够较为明确地体现创造性观念的内涵，可视为建构创造性价值的核心话语，而其他内容因与创造性观念本身的直接联系较少，在本书中仅作为参考②。

如前所述，本书根据个体与社会这两个层面，将核心的 74 篇文章分为两大部分：着重于倡导个体创造性的文章和侧重于论述创造性的社会意义的文章。概括来说，关于个人的创造性主要包括创造精神与创造力的主张，关于社会需要的内容主要由两大部分构成：对中国文化创造力的评价，以及通过主张创造性而宣传政治立场的文章（表 7-1）。以下对这三个

---

① 该数据库收录了清末到 1949 年中国出版的 6000 余种期刊，共 12 万多期，150 万余篇文章。

② 其他文章有两类，一类文章题目中的创造是作为一个动词而运用，文中所涉及的对象主要为发明创造、艺术创作等，共 410 篇，其论述内容多围绕对象本身，与创造性观念的联系较少，未作为本书的考察对象。第二类文章如基督教教义宣传、以创造为名的社会团体介绍、以"创造"一词为题的小说等，其内容同样与本书所讨论的创造性价值关联较小，也排除在考察范围之外。

范畴的文本分别进行考察，分析其中创造性的价值源于何处以及何以成立。为避免由于该数据库所收报刊局限造成的偏差，作者还对其他民国报刊数据库以同样的方式进行了检索和初步的统计，结果表明虽然具体篇数不同，但整体的数量发展趋势与内容构成与本书的描述及归纳基本一致，因此上述三个范畴的文本可视为创造性价值话语建构的主要内容。

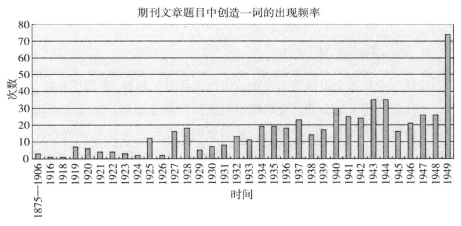

图 7-1　20 世纪上半期报刊文章题目中创造一词的出现频率（2011 年 12 月检索结果）

表 7-1　　1919—1949 年主张创造性的文章的内容构成①（共 74 篇）

关于个人的创造性	22 篇	创造的人生观	12 篇
		创造力的教育	10 篇
对中国文化创造力的评价	28 篇	民族创造力提高的方法	16 篇
		中国的创造与模仿	12 篇
宣传政治主张	24 篇	三民主义立场	12 篇
		社会主义立场	11 篇
		其他政治立场	1 篇

①　根据 2011 年 12 月检索结果而作。

二、对创造观念相关内容的分析

(一) 关于个体创造性的倡导

关于个体创造性的倡导从 20 世纪 10 年代到 40 年代一直持续，主要包括创造的人生观与创造能力的培养这两方面的内容。

1. 创造的人生观

论述创造与人生价值的文章中，部分文章是柏格森《创造进化论》的介绍，主张创造带来生命的进化以推崇人生价值在于创造；其他文章均直接阐述和倡导人生的意义在于创造，它们分别依据创造进化论和创造冲动说的原理进行说明。前者如《中国青年的奋斗生活与创造生活》(宗白华，1919)主张不创造就不能适应环境潮流，便无从进化，"改良社会现状唯一的方法就是要个个人都过他正当的奋斗生活与创造生活"(钟达宏，1935)，主张"人生价值的高下，端视创造能力而定"，因为"最高贵的人类就是最富于创造能力，也就是最适于生存的人类"(任泽，1941)，论述"人生的内容与价值，无一不在创造"，因为没有创造的人生，将被自然所淘汰而无法生存于世界。这些文章的论据是生存与进步，而下述文章则依据罗素的社会改造理论，鼓励创造冲动并主张抑制占有冲动。如《占有冲动与创造冲动》(白羽，1935)阐述创造"不仅创造者个人得其利益，及整个的社会，都得其利益"，使"个人最善的生活与人类最善的生活相一致"。《由创造和占据的冲动说到职业与事业》(平正，1940)倡导基于创造冲动的职业观，因为国家民族的命运取决于"青年对于生活的根本态度怎样"，主张"生活之目的在增进人类全体之生活"。《创造的精神》(青溪，1947)也主张用创造的勇气取代争夺和嫉妒，论述创造精神可以减少从个人生活到战争等人世间的争夺和冲突。《惟有创造是人生的出路》(薇心，1947)论述发扬创造欲是人生调节个人与群体之间冲突的最好办法，民生福利必将随之改善。

创造的人生观被阐述为既有利己性也有利他性，使个人发展自身的时候"并谋社会的福利"。

上述文章倡导的创造性主要是一种人生观，以创造性的精神和行动为人生的意义和目标①，其依据一是出于优胜劣汰的进化论，二是出于个人与群体之间的利益协调。它们对个体创造性的主张均是从社会整体的进步着眼，认为这一生活态度关系到国家民族的发展，是改变社会现状的方法。因此，创造的人生观主要是作为社会进步、社会改良的需要而提出，被视为一种公私兼顾的生活态度。

2. 创造能力的培养

这些文章通过论述创造教育呼吁提升个体的创造精神与创造力。其中部分文章是陶行知倡导创造生活和创造教育的文章，其他文章与其思想观点相近。其中，创造教育的意义被明确指出在于国家发展。《教育与创造》（郭登敖，1940）论述中国的前途取决于有无创造能力，因此教育的任务是发展民族的创造能力。《国民教育之适应的与创造的功用》（张敷荣，1940）指出创造教育要使人民具备增进未来生活水准、发扬民族文化与创造世界新文化、捍卫国家之能力，"能做到立人、达人、佐治卫国"。《发挥国人创造的能力》（作者不详，1933）主张"今日问题尤为要紧者，在如何训练我国人民之创造能力以从事各种事业，务使两千年来潜伏而未应用之精神得启发出来以为建设新国家之原动力"。这些文章主张培养创造能力的着眼点在于民族国家的进步，旨在塑造具有自发性、能动性、积极参与社会公共生活能力的国民。

从上述创造人生观与创造教育两部分的文章来看，创造精神与创造力代表着中国现代国家所需要的个体成员在能力与态度方面的特点，个体创造性的价值均来自现代国家建设的需要。创造性被视为一种从群体角度来

---

① 关于创造性人生观也有少数批判性观点，如嘲讽创造的文章《创造与颓废》（傅彦长，1944）。

看具有德性和理性的个体素质,旨在塑造现代中国社会的"群中之己",形成满足现代国家发展要求的现代国民。因此在个体层面上,与其说创造价值要实现个人的自由与解放,更应理解为它试图形成一种公私兼顾的个体人生观。创造价值所代表的能力和精神气质成为被推崇和塑造的惯习(habitus),在于它被视为一种促进国家进步而具有公共性的现代公民人格特点。

(二)关于国家民族创造力的阐述

文化领域有关创造的文章主要围绕两个问题:如何评价中国文化的创造力,以及中国应如何进行文化创造。

1. 对中国文化创造力的评价

这一主题的文章[1]批判 20 世纪 30 年代中国缺少创造力和创造精神,分析当时中国缺乏创造力的原因。《创造》(顾颉刚,1937)认为中国人太缺乏创造的精神,造成国家衰弱、社会纷乱、个人做事因循敷衍,主张提高创造精神需要改变"懒惰病""保守病"等。《发挥国人创造的能力》(作者不详,1933)认为中国人的创造能力因缺乏动机和训练而未得应用,发挥创造本能需打破墨守成规和畏难苟安的心理。《创造精神在中国》(Pearl Buck,1934)也认为中国缺乏创造精神的根源在于传统社会重视规矩,个体怕异于别人,不能独立思考,主张中国社会必须有生命价值的意识,然后才能动手创造。《释创造的理智》(唐君毅,1936)主张促进中国学术文化的创造须有主体性、进取性以及尊重他人、包容多元性的态度。《创造和毅力》(周明谦,1931)则论述中国历史上的发明创造被专制的政治、固步自封的思想、缺乏毅力的精神所抹杀,主张中国青年应发挥创造才能,使中国的发明创造走向世界前列。《文化与创造》(蓝志先,1937)也提出文化

---

① 共检索到 16 篇文章,其中赛珍珠的同一文章在不同的杂志上刊登了三次,因此有 14 篇文章供考察。

创造需要形成自由和平等的社会环境，主张"文化应为全民族共享之生活方式，而非少数特权阶级肆意纵欲之工具"。上述文章都认为中国创造力低下，造成国家衰落或国家落后；进而从传统人格的特点以及社会结构的因素论述创造力落后的症结所在，批判中国传统社会的政治体制、价值规范等，要求社会关系的变革。这些文章显示出面对国际竞争的焦虑感，其中的创造性作为一项新的外来标准，代表着以西方为参照的对象。

20世纪40年代以后的文章转而肯定中国文化的创造能力，呼吁对自身文化的认同。《教育与创造》(郭登敖，1940)提出"中国民族本是一个优于创造的民族"，反对一味学习西方现代教育制度，主张"恢复我们对于创造能力的自信"。《创造的自信心》(卢于道，1943)、《文化之创造》(虞愚，1941)都主张民族自信，认为"我们民族的创造能力，并不亚于世界上任何民族"，呼吁科学家"在坚强的自信心之下为国家民族而创造"。还有文章强调重视自身的独特性，《新民族文化的创造问题》(胡秋原，1943)认为中国学术界要创造新的民族文化，其特点应为"形式是民族的，内容是科学的"。《中国"民族创造"的特性与精神原则》(林一新，1946)主张后进民族具有独特的学习优势，因此中国未来的民族创造"将有异于或远大于其他民族"。这些文章从批判创造力落后，转向主张恢复对中国自身文化创造力的信心。它们同样以创造为衡量中国社会进步的依据和发展目标，但更强调中国文化的独立性和自主性，这显示"创造性"从代表西方文化进步的外在标准，转化为审视与重构自身的内在视角，成为中国社会进步的一项毋庸置疑的衡量依据和必然需要。

2. 关于创造与模仿的关系

关于中国如何进行创造的文章，争论的焦点在于创造是否需要模仿。胡适主张通过模仿和学习达到创造的境地，部分文章与其观点一致。如《模仿还是创造》(曹仓，1939)认为模仿不是抄袭而是实现创造的基础，应先模仿、后创造。《仿效与创造》(YTS，1922)以日本为例论述仿效和学习是创造的准备，认为中国人少有创造是因为以仿效本身为目的，没有怀疑和研究的态度。《不造中的创造》(心水，1929)主张中国应在"不造"中通过"仿造"走向创造，认为中国不仿造便无创造的可能，是固步自封和国粹意识的表现。《青年与创造精神》(陈鸿根，1934)和《论文化的创造》(沈昌晔，1935)都主张创造和模仿并不矛盾，应一面"借助西洋文化之力，淘汰中国的旧精神"，一面努力形成创造性，"培养中国独立之新精神"。上述文章多发表于 20 世纪 30 年代，所论述的模仿与学习的对象均为西方文化，"创造"意味着通过学习西方文化而形成中国独特的新文化。

另一部分文章认为创造与模仿截然不同，主张创造必须摒弃模仿。《创造》(顾颉刚，1937)论述要提高创造精神，需改变"模仿病"。《西化与创造》(张季同，1935)强调创造高于模仿，对待西洋文化应保持批判的态度，从政治到衣食住行，不创造便会"养成一种奴性"。《神的创造》(屈义林，1940)指出创造与模仿完全相反，鼓励中国的青年"抛弃可耻的偷袭"，"用创造的精神创造新的中国"。《教育与创造》(郭登敖，1940)批判科举后对现代教育的抄袭导致中国失去自信，主张中国的前途取决于民族自身的创造。《正还有待于创造》(任厂，1943)论述"模仿古人和模仿外人是同样要不得的"，提出需要根据中国社会的实际情况创造中国的风格。这些文章多于 40 年代以后发表，其中的创造意味着进取、独立和自主，而模仿代表"奴性"、停滞不前、道德低下，但其中模仿的对象均指西方文化，创造的对象也同样是"中国的风格"。关于创造与模仿的两种观点都以具有"真实个性""中国作风""中国气派"的新文化为最终目标，力图实现既不完全为西方文化所同化，也不拘泥于中国传统文化、符合历史与现实需要的现代中国文化。

3. 小结

对中国文化创造力评价的变化与对待创造和模仿的观点变化在时间上一致，反映从 20 世纪 30 年代到 40 年代中国社会对待自身传统与西方文化的态度发生转变，并显示出"创造性"这一价值标准的接受过程。30 年代创造价值是作为一种外来的新观念，它代表从西方思想的视角批判中国的传统文化,而40年代则依据这一标准重新肯定民族特色,强化中国文化认同并与西方文化产生距离感。从上述两方面的内容来看,中国社会接受创造性这一西方标准并以其重构自身,这一过程中既形成了认知上与西方的同一化,也借助这一内化的视角寻求中国式的现代性。同时,文化领域创造性的价值依据仍旧在于中国现代国家的发展需要,它主要指一种能力和精神面貌,其符号价值在于代表中国社会的独立与进步,用以表述对中国式现代性的探寻。较之于面向个体层面上的创造性主要呼吁的是平等指向的内容,在中国文化层面上的创造性话语基于对落后的焦虑和对进步的向往,蕴含较为强烈的竞争意识与差异化意识。

(三)关于创造主体的阐述:谁是创造者?

20世纪40年代以后,出现了对创造者的命名和宣传。国民政府关于三民主义、新生活运动的鼓动文章中,将"中国人""全体国民"作为创造主体,以此提升现代国民的素质,推动中国社会文化走向进步,并标榜其政权的正当性、先进性。在社会主义立场的话语中,"创造者"是工农阶级的劳动者,代表对政治主体的界定,"创造性"用以表达社会主义道路是中国独立自主的选择,是对古今中西社会形态进行反思和评判的基础上探索新型文明秩序。

1. 三民主义与创造主体

部分文章倡导创造是基于国民政府的政策内容对社会力量进行动员。《实行新生活就是创造新生命》(李葆元,1940)阐释国民政府新生活运动旨在"建设新的国家、创造国民新的生命"。《劳动、创造、武力》(鄂德钟,1940)以"创造"为口号呼吁国民努力劳动、积极进取,"总裁的创造就是要'自无而有','掇少成多'","我们要做革命战士,就必须以创造为本务"。

"创造性"还被用以概括三民主义的政治宗旨。《检讨过去、把握现在、创造未来》(阎振熙,1934)用"创造的社会观"概括三民主义文化运动的精髓，主张其创造性在于"批判封建残余文化、被扬弃中的资本主义文化"等，表达这一政治纲领旨在建立与传统旧秩序和西方资本主义现代社会均有所不同的新秩序。《创造新生命》（沈直，1943）则以个体创造性为根据主张三民主义政治路线的正当性，指出"创造性实为生命伟大的能力之表现"，只有三民主义才能打破国家的外来压迫和障碍，使个人生命发挥这一特质。上述文章中，创造价值的建构与三民主义宣传相互结合，创造性用以进行国民力量的动员以及表明政治路线的合理性与进步性。这一过程中，"创造性"的价值不仅得以提升和强化，随着其概念与价值在政治话语中的运用，它也从现代国民的素质、文化进步的依据，发展成为体现政治优越性的一项话语策略。

2. 社会主义与创造主体

在运用"创造性"进行社会主义政治宣传的文章中，创造主体发生了变化。《群众创造历史》（苏联真理报社论，1934）论述十月革命依靠的是巩固的工农联盟，是"千百万群众的创造性，把资产阶级地主赶出去了"，这是"千百万群众第一次……自觉的创造自己的历史"。《西化与创造》（张季同，1935）也论述"创造力实由健全的有创造性的人民发挥出"，批判封建文化、资本主义文化，主张进行以人民为原动力的社会主义文化创造。以往的创造主体是"人类""中国人""国民"或"青年"等，很少有关于工人、农民等基层民众的具体指称，社会主义立场的文章强调底层民众，尤其"工农"作为创造的主体在话语中频繁出现。1949 年社会主义革命胜利前后，标题中出现"创造"一词的文章显著增加，明确主张"人民创造历史"以及"创造人民文化"。《人民文化的创造》（许杰，1949）提出实现"以人民为中心，由人民自己创造的文化"，并指出其前提是社会主义革命胜利、人民成为政治的主体。《劳动创造世界》（中）（于光远，1949a）主张人类社会发展的历史也就是劳动群众的历史，"世界的创造者正是劳动者，他们是人类社会的主人翁"，因此"劳动是人类最高尚的事，劳动者是人类中最高贵的人"（于光远，1949b）。这些文章表达的不仅是对劳动与劳动者的理解，更旨在强调劳动者在历史上和当下社会生活中的主体地位，主张以工农力量为核心的政治制度。

这一时期出现劳动者自身的话语，表述了同样的创造性主张。"思蕴"是来自"信昌毛织厂"的工人，他主张人生的目的是创造（思蕴，1942），一是表达自身群体是实现社会进步的主要力量，"推动时代巨轮向前的，正是我们的坚强的力"；二是表达改造社会的政治意志，"我们要……创造一个更合理的社会，更健全的制度"。《劳动创造世界》是东北工人政治大学学员的发言记录摘要（工人政治大学，1949），工人代表们主张世界由劳动者创造，指出自身的才智和贡献以往被剥削和埋没，"旧社会哄弄咱们"，并不是资本家、神或英雄大人物创造世界，"是我们的力量创造了世界"。工人阶级通过对自身作为创造主体角色的论述，主张自身在历史与现实当中作为社会核心力量的重要政治地位及其正当性。因此，在社会主义立场的话语中，"创造"所表达的是对工农群众主导性政治角色的赋予和由此产生的政治使命感，创造者的角色体现着对劳动者政治主体地位的界定。

此外，"创造性"也用以阐释社会主义政治路线的合理性和优越性。《西化与创造》（张季同，1935）主张社会主义道路是"文化创造主义"，即"一方面反对守旧封建文化，一方面反对全盘承受西洋已在没落的资本主义文化，而主张新的社会主义的中国文化之创造"。社会主义话语同样以"创造"表明自身与西方资本主义、中国传统封建主义等其他政治方向均有所区别，以宣传无产阶级革命的先进性，表达社会主义政治道路选择的独特性和自主性。从社会主义话语中创造性对于政治主体界定和政治宣传的意义来看，同三民主义的文章一样，创造性不再仅仅是关于能力或精神气质的描述，它成为建构自身政治力量的一项话语策略。

3. 小结

关于创造主体的描述显示，"创造性"意味着在政治生活中的参与及其重要作用。国民党政治宣传中的创造主体主要是"国民"，旨在塑造和动员符合政权需要的社会力量；社会主义立场文章强调的创造主体是工人、农民等底层民众，以建构工农阶层的政治地位；而持中间立场的文章则主张中产阶层是创造新社会的主体，如《世界在创造中成长》（焦蕤，1946）既不赞同共产主义也反对资本主义，主张创造新时代的主力是中产阶级而非资产阶级或无产阶级，认为中产阶级的创造力量"将使我们的世界在创造中成长为一个和平幸福的世界"。可见"创造"代表着一种政治行动和政治地位，"创造者"的身份意味着在社会生活中的重要性和主导性，围绕创造主体的定义和阐述，是各种政治力量之间关于谁是政治主导群体的话语竞争。

此外，"创造性"也用以表达政治纲领的自主性和进步性。如前所述，三民主义与社会主义的话语都用"创造性""创造主义"来概括自身政治立场的性质和特点，以阐明和主张各自政治纲领与既有各种政治路线相异，创造性代表着对独立而进步的中国现代政治道路的探寻，是符合中国现实的独立自主的政治选择，其政治主张因而更具合理性和优越性。可见关于创造主体和创造性的阐述是主张主导权的资本和依据，成为政治力量之间话语竞争的一项目标。在公共话语中，创造性的涵义和创造的主体，成为各种社会群体争相赋予自身的一项资本，创造概念的运用中界定高低优劣的差异化涵义进一步增强。这表明"创造性"的侧重点已从关于人生观和能力的文化客体，转向可以获取其他符号资源的文化资本。

三、"创造"价值的建构

以上对 20 世纪上半期报刊中"创造性"相关内容的分析，显示这一新型文化资本的形成是中国社会在文化观念上接受西方影响的产物，它得以生成的动力与中国现代国家的建构及国内各阶层的关系变动密切相关。创造精神、创造力通过强调普遍性、平等取向的文化观念，追求现代国家共同体的进步和发展；包括知识分子在内，各阶层和群体力量之间在变动中力图确立自身的社会角色和社会地位，对创造性和创造者的各种阐释具有了竞争性和差异化作用。概括来说，随着有关创造性的话语从国家外部竞争渗透到国家内部竞争，创造性增加了差异化的涵义而使其产生了文化资本的涵义。换言之，对于国家民族的振兴来说，对民众力量的普遍动员如此重要，使创造成为各种群体争相获得的价值。

（一）"创造性"从国家需要到文化资本

关于个体创造精神与创造力的倡导显示，它力图塑造一种具有公共性的个体形式，以建构一种新的群己关系原理，尤其是形成符合现代国家需要的个体的人格与能力特点。其涵义偏重强调个体的普遍共性并重视社会关系的平等性、开放性，强调非竞争性的进取精神与社会参与意识。而在社会层面上创造性价值的依据主要由两部分内容构成：一是运用这一新的标准对中国文化的发展进行衡量和选择，其涵义的阐释表达了在西方文化与传统文化之间对文化现代性的探寻；二是国内代表不同阶层的政治力量以"创造"为话语策略，表达政治纲领的优越性并对目标群体进行动员或界定，其涵义的阐释是基于对中国现代政治发展方向的探寻和党派竞争，有着较为强烈的差异化意识。

在中国社会，创造性观念的兴起首先是文化全球化的一个过程，它通过认知模式的全球化而引进和形成，其基本价值来源在于现代国家共同体的形成和发展。但创造性作为文化资本的性质并未呈现在个体层面，而主要在国家层面的文化与政治的讨论之中。文化和政治领域对创造性的阐释和运用有着明显的一致性，其涵义都包含着超越传统和西方，同时契合中国现实建构新型社会秩序的意志，用以表达中国社会寻求中国式现代化道路的自主性与进步性。由此来看，创造性价值观念的接受和内化，使中国社会形成对个体与社会认知模式上与西方社会的同化，但同时也成为促使中国社会在自我建构中塑造彼此差异、寻求独立自主发展的观念依据。

同时，这一过程也显示出公共话语中的"创造性"不仅成为中国建构现代国家并与他国竞争的途径，也成为国内代表各种阶层立场的社会力量之间相互竞争、重构关系的话语实践。出于国际竞争中现代国家建构需要的观念形态，其中蕴含的竞争意识和差异化作用在国内政治力量的角逐中进一步运用并凸显，成为社会群体争相对其进行解释和占有并以此获取政治地位的文化资本。简言之，这一文化资本所拥有的价值一是源于现代国家的建构，二是源于社会阶层之间的竞争，是全球化背景下本土社会结构变动的产物。中国社会在外来压力之下调整社会文化结构秩序，国家、民族等共同体层面的竞争焦虑经由国内社会群体之间的竞争性互动，转化为个体层面上对人格与能力的要求。个体文化资本的构成内容随着中国社会进入世界政治经济体系而发生变化，"创造性的人"不仅是文化传播与互动的产物，也是国家层面的压力被转换为个体压力的表现。不过，由于这一观念传播受限于当时的教育程度和阶层结构，主要是文化精英和政治精英面向一般知识分子的宣传，并未充分抵达广泛的民众，也未能获得充分的认同，因而成为一项主要停留于精英话语层面而尚未普遍化、身体化的文化资本。

(二) 创造观念的平等性与差异性

首先，创造性之所以被赋予价值，主要动力在于现代国家共同体的形成与发展，是探索中国式现代性并塑造与之相应的现代公民个体公共性的需要。正由于这一基本动力，创造价值当中已经既包含了平等性，也包含了竞争性。它们分别体现了现代国家立场的两个面向：一是面对国家外部的竞争，强调独特性和进步性的涵义，旨在与西方国家抗衡，在世界体系中获得生存和发展的空间；二是面向国家内部的团结和动员，强调普遍性和平等性的涵义，旨在团结全体国民、动员社会力量、唤起现代国家认同。前者是现代国家对外的视角，后者是现代国家对内的视角，这两种视角在此后的国内阶层话语竞争中进一步得以运用和体现。差异性与平等性是团体这一基本立场对外与对内两种视角之间的差异，二者是相连一体的。

其次，从阶层的角度来看，在国内政治竞争中，多个阶层参与了创造性的价值界定，提出各自关于创造性的阐释与获取方式。如在论述文化与教育的文章中，创造性被视为需要经过一定步骤逐渐培养和积累的人格特点与能力，与此相应，其中出现的创造者多是知识分子或"先进人士"。而国民政府阐述创造是人生的本质，虽然也提出要培养和训练，但可以通过有力的号召而唤醒国民的精神和力量。社会主义话语则定义创造源于劳动，淡化长期培育与训练的条件因素，主张工农阶层一直是最为重要但被忽略的创造主体。这些定义和阐释都通过对创造性的界定，使自身所代表或动员的社会群体具备占据这一文化资本的条件或优势。与布尔迪厄认为精英阶层决定了文化资本的内容和等级这一观点不同，多个社会阶层的话语实践共同建构了创造性在中国的价值涵义。在阶层变动中，代表各阶层立场的政治力量以各自的方式运用创造价值当中的平等性涵义主张目标群体作为创造者的角色，同时凭借创造价值当中的竞争性、差异化内涵，彰显自身政治路线的独特性和优越性。文化资本的平等化涵义和差异化涵义共同为特定阶层争取地位上升所借用。

由上来看，在 20 世纪上半期全球化背景下的社会变动中，现代国家共同体的利益需要在推动创造性这一文化资本的形成与变化中具有重要的作用。这一观念形态所包含的去等级化涵义，使其能够为上升中的非精英阶层提供改变自身政治地位的话语依据，而其中的差异化、等级化涵义，既为支配阶层也为知识分子等其他阶层提供了展示自身理念先进性的竞争策略。在国家对外竞争以及国内政治话语竞争中，创造性中的平等化作用与差异化作用都同样共存并相互倚重。

对于文化资本的形成，布尔迪厄强调了精英阶层与权力支配关系的作用。他认为何种文化的内容可以接受或具有价值，何种文化形式缺少价值，是由精英群体所确定的。通过对正当文化资本与非正当文化资本的内容定义，精英群体维护自己所拥有的知识与能力的价值、确保自身的权威（布尔迪厄，2015）。他具体分析了某些文化资本和惯习的社会历史建构，如纯粹的审美趣味以闲暇时光和物质条件为前提，与社会经济地位相关联。进而，在文化资本的传递过程中，通过文化教育机构这样的中介，统治阶级的习性对全社会各阶级的个人习性产生影响，隐蔽地再生产不平等的社会结构（布尔迪厄、帕斯隆，2002）。因此，布尔迪厄认为个体的心智结构由社会结构所决定，其理论视域将文化形式本身所主张的平等、自由等涵义视为虚假的非功利性，文化表面的纯粹性旨在掩盖其是一种资本的事实，即"象征资本特有的一种掩盖其与经济资本之间存在交换可能性的功能"（布尔迪厄，2003）。

对此，本研究提出两点疑问。首先，文化本身的非功利宗旨仅被视为虚伪和徒有其表的，但许多研究表明文化本身的变迁对于社会结构的变动发挥了重要的作用，而且现代化是整个社会阶层结构趋向于平等化、民主化的过程，仅仅考察文化对等级秩序再生产的促进作用而忽略它对等级秩序的冲击，难以充分把握现代社会文化资本的性质，也无法全面理解"创造性"作为个体的能力与需求同社会结构变动的关系。其次，这一理论中文化所产生的区隔功能显著呈现，而文化客体本身的内涵与主张被轻视，本书认为这不仅在于布尔迪厄探究社会支配与不平等秩序的基本视角，也是由于他对文化的分析建立在较为稳固的阶层结构之上，缺少对阶层结构变化的分析所致。本书对创造性观念兴起的分析表明，这一文化具有差异化的作用，呈现出逐渐资本化的趋势，但在20世纪上半期中国社会阶层结构变动中，其内容主张的核心作用仍是促成群体之间的联结、合作及现代国家共同体的认同。

当精英阶层与非精英阶层之间抗衡，或整个社会的阶层结构发生巨大变化时，文化客体的内涵本身会发生何种作用、文化资本的内容构成会受到何种影响？这是理解创造性能力与素质何以具有价值以及与阶层秩序有何种关联的重要环节。

米谢勒·拉蒙特也批判布尔迪厄基于法国社会特点而描述的是较为稳定、封闭的文化区隔系统，提出应从经验的角度研究开放、变化而相互渗透的符号与社会场域（Lamont，1992：186）。她论述美国人的文化资本缺乏与高级艺术形式的关联，如美国社会的组织中个体过多与高级文化相联系会成为不利条件，人们更倾向于通过棒球知识或流行文化形式去获得身份并形成有价值的人际接触和社会纽带（布尔迪厄，2003：127）。哈勒的研究也表明美国社会中对艺术和文化的偏好与进入统治阶级以及获得其持续的成员资格之间，并未呈现出明确的关联(克兰，2006)。陈燕谷(1995)指出，社会资源只有在一定的条件下才成为资本，不同的文化共同体和不同的历史时期里，文化资本的构成各不相同。从文化资本形成的视角来看，这些研究一方面表明文化资本的内容随时间和空间而变动不居，同时显示出同一文化形式本身的社会涵义并不固定，具备资本性的程度会有差异，即文化包括具备显著资本性质的文化形式与不具备明显资本性质的文化形式。

基于以上，本研究认为应结合社会变动的背景，将文化形态的性质区分为文化客体与文化资本。文化客体指一种文化形式自身内部的逻辑内涵，如一种观念形式或艺术形式本身的主张和内容，是较为纯粹的文化形态；文化资本则是文化客体具备与其他资本的交换能力，进而在拥有者与非拥有者之间产生差异化作用的文化形态。二者是文化形式的两个侧面，往往二者兼具且难以完全分割，这里是根据资本性程度的显著与否而划分出的分析性概念。本书分析的是中国向现代社会变迁的过程中，与创造性相关的能力和态度如何从一种文化客体趋向于生成为一种文化资本。作为文化客体的创造性观念便是它内在的思想主张，如柏格森的创造进化论或罗素创造冲动说中如何描述人的生命本质和能力特性；而作为文化资本的"创造性"指这一生命本质或能力特性获得与其他符号意义、社会资源进行交换的能力，从而会在不同拥有者之间产生了差异化、等级化的效果。

本书分析显示，"创造性"便是作为新的文化客体，被建构价值而获得资本涵义，但由于与传统道德人格理想内容隔膜、观念的传播范围有限、作为主要倡导者的知识分子在政治生活中边缘化等原因，创造力、创造性的价值最终停留于精英话语，虽在社会主义政权建立后也为工农群众所运用，但并未真正成为受到广泛认同与实践的一项文化资本。就文化客体本身的平等宗旨与其资本性及由此带来的差异化作用来看，本章考察与分析表明：文化资本与现代国家以及共同体的整体性利益之间关系密切，需要在超越阶层利益的层面上探讨其价值来源；同时，在社会剧烈变动的转型期，会有多个阶层的力量参与和推动文化资本内容的形成，而每个社会群体或阶层都力图以某种方式占据和利用这一文化资源，其具体涵义和获取途径也因而是多元而非单一的。因此，是结构的变动与开放而非支配机制的稳定和持续，促成了中国社会中创造性这一新型文化资本的形成。创造观念作为一种工具和策略，平等性涵义和差异性涵义在这一观念的阐发中并不龃龉，而是构成协调一致的关系。但是，文化本身的平等主张代表共同体进行整合和追求进步的需要，并且促成了相应的社会改造实验和教育改革，对社会变动产生了推动作用，因此它并不是虚伪和徒有其表的，而应理解为文化观念所包含的真实但局部的功能。

第八章 "创造性的人"与中国社会现代化

本书考察 20 世纪上半期中国社会创造性、创造力等观念的主张及其意图，分析"创造性的人"之阐释与现代共同体形成、阶层结构变动的关联。本章对创造观念作为一项文化行动的主要内容与社会性质进一步归纳概括，并对下述问题进行探讨。作为一种改造社会的途径，"创造性的人"体现了何种特点的现代个体人格？从中可以看到中国社会力图形成何种共同体、如何设定和推进新的阶层关系？进而，作为文化精英的现代化构想，创造观念旨在推进何种社会秩序？其中体现出中国社会现代化的何种特点？"创造性的人"呈现出，20 世纪上半期知识分子重建文化政治的过程，中国文化精英的现代化构想具有个体形态的纵深性、关系伦理的扩展性、群己关系的世俗性、文明秩序的探索性等特点。基于本书的考察，本章提出以下论点，供今后进一步检验和修正。

首先，"创造性的人"提示和设定了一种具有纵深性、潜在性的个体形态，内在的特殊个性、能力才华需要在环境条件的支持和培育之下而得以施展，使个体与现代国家及团体组织之间、知识分子与工农群体之间构成相互需要、相辅相成的关系。因此，创造性的人是文化精英试图建立新的团体整合与阶层联结的一项依据，是以个体为原点推扩形成新型关系纽带、推动中国社会从稳定性秩序转向进步性秩序的尝试。较之于西方社会学所描述的社会结构变动推进个人主义和个体化，中国社会将个人主义与个体道德修养传统相结合，注重以个体变革促进社会改造。吸收外来思想而阐发的人性认知和人格理想，旨在形成兼顾追求现代性和反思现代性的文明秩序探索——通过非竞争性的进取性人格，既保持稳定和整合，也实现进步和发展。

其次，"创造性的人"力图在差序格局的基础上形成团体格局。作为现代共同体的重要依据，从中可以看到中国文化精英对现代国家的想象和设计具有三个特点：第一，现代国家认同被嵌入中国传统伦理之中，现代共同体的成立意味着关系伦理构造的扩充兼容，个体的国家认同与家族认同从"家国同构"走向"家国并存"的关系；第二，中国步入现代社会之初，现代共同体的群己关系被阐释为互利互惠的对等关系，并未偏重群或己；第三，现代民族国家构成对个体潜在资源的把握和塑造，在时间维度上扩展到对未来的管理。

同时，从阶层变动的角度来看，"创造性的人"是传统社会阶层结构失去原有联结机制而走向分离松散的状态之下，新型知识分子力图确立和发挥主导作用、重建社会群体之间联结进而走向现代共同体的文化行动。受限于阶层离散和文化隔膜，上述共同体目标和阶层重构目标均未能充分实现，"创造性的人"停留于话语层面而未能成为文化资本。创造性观念的话语呈现出，在民族危机的背景下，中国近代以后社会力量的兴起与现代国家的形成及其组织动员相生相伴，而努力重建文化权威的新型知识分子群体成为两者间的重要媒介而将国家与社会紧密相连。

一、"创造性的人"：公共性个体形态与中国文化精英的现代文明探索

20 世纪上半期中国社会对西方话语的接受和重构，是中国式现代观念以及新的道德意识形态得以形成的基础（刘禾，2022）。本书对这一时期创造性观念的主要倡导者及其主张进行了考察，试图探明关于"怎样看待人"、"人应该怎样生活"的认知话语迅速西方化的过程，与中国社会变迁之间如何相互作用。

如前所述，西方的创造性概念曾经历两个重要转换：16世纪它从"过去的事件"转变为指涉现在或未来，同时创造能力从仅属于天神，转化为人类的行动和属性；随着"创造"的去神圣化、去等级化，19世纪以后创造性的内涵转向强调"高度的自主意识"和"心智能力"。这一概念的演变过程显示，作为一种关于个人心智状态的描述方式，创造涵义的形成与西方社会现代化过程中的世俗化和平等化密切相关。20世纪初期西方的创造思潮印证并体现了创造涵义的现代变迁——"创造"被阐释为个人生活的普遍本质，主要包含个体应对环境的主体性与产生新事物的欲望和能力。它既是一种对个人生命特点的重新定义，也是对社会形态的理解。这一特点为此后西方社会批判理论所延续和发展，现代西方社会学、心理学的理论视野中，"创造"多呈现为现代人格的基本特性和内在需求，并成为现代社会批判的重要依据。如马斯洛（2007）视创造性为人类最高等级的心理欲求之一，同自我实现和充分的人性几乎同义，同时也有益于公众和社会的利益；在马尔库塞（2006：6-12）那里，创造性、创造欲望代表着个体的自由和独立，是个人不被资本主义工业社会和消费社会意识形态所蒙蔽、保持批判意识和进行政治参与的基础；弗洛姆（2007：185）也视创造性活动为"真实的自我"的体现，是个人发展的重要内驱力，主张良好的社会应该建立在充分满足这一个体需求的基础之上。在这些理论中，"创造性"作为个人本来面目，既是围绕个体的心理学概念，也是进行社会批判的政治性概念。

20世纪上半期中国社会"国民性改造"的目标着眼于通过个体改变社会，通过推进"人的现代化"实现中国社会的变革。中国知识分子接受和主张创造性观念，不仅提出对本土与西方之间文化紧张关系的各种处理方式，更重视在个体层面塑造一种新的生活态度和人格特点。以往研究着重指出包括创造观念在内的个人主义观念通过主张个体的能动性和自主性，使原有社会网络及权威体系对个人的约束失效，促使个体从传统社会关系中脱离出来。那么个体由此走向何种新的关系？基于本研究的考察分析，创造性作为有关个体的阐释和主张，主要包括创造的精神与创造的能力两个方面，其内容可以综合概括为通过个体意志与能力的发挥而追求自我实现。倡导者都力图回应 20 世纪上半期现代国际秩序形成和国家竞争中中国社会面临的冲击。他们做出充满危机感的判断，指出中国国力衰弱、被动落后、涣散无序，在此基础上尝试提出各自的解决方案，创造思想即作为这些改革方案的一部分而被引进和主张。他们的创造性主张深受西方思潮的影响并在西方思想的基础上做出自身的阐发，其创造涵义中强调重点呼应和支持各自的社会改造方案。因此，创造性观念提出的重视个人意志与自我实现的个体，是中国早期现代知识分子在国家危机之下，借助西方思想资源推动中国社会结构发生变革以救亡图强的一种方式。

"创造性的人"是新型现代知识分子对社会力量的动员。创造性观念的涵义和主张在于从认知和伦理的角度说明现代团体的特点与中国传统社会关系模式的相通之处，从个人立场上主张团体组织的必要性、合理性。不论是现代国家还是普通民众的自我组织，创造性观念都力图将个人与团体相联系，使二者成为利益需求一致、共荣共损、相辅相成的命运共同体，旨在面临西方的冲击和威胁之下，将普通民众作为国家成员、社会成员的力量激发起来、组织起来。创造也是知识分子发动民众、与民众结合而形成联盟的依据与行动。这一发动的主体是知识分子，它所倡导的对象是以农民为代表的普通民众。创造性观念不仅以创造活动和创造力概念为标准，设定了二者各自的角色和使命，也依据创造和创造力得以实现的条件揭示了二者之间具体的结合方式和关系模式。创造性观念不仅是知识分子建立国民认同的方式，也是力图从民间社会找到强国所依靠的力量，创造的主张和呼吁指向通过知识分子领导民众实现社会力量的增强。因此，创造性观念是知识分子的社会动员，其中显示出"从思想文化入手解决问题"的特点，实际上是力图从个人的改变入手改造社会，与对个人与社会关系的传统认知模式有着密切的关系。（参见表 8-1）

表 8-1 创造性观念中个人与社会的关系

	梁启超	胡适	陶行知	梁漱溟
关联的社会结构问题	**团体问题：**国家与国民群己关系	**阶层问题：**知识分子的主导地位	**阶层问题：**知识分子与民众的关系 **团体问题：**国民的培养	**团体问题：**建立团体组织 **阶层问题：**知识分子与农民的联合
创造性作为个体的特性	个体需要 人生态度	学习能力 社会角色	需要训练的禀赋与能力	人生态度 个体需要
发挥的作用	东西调和的依据、个人与团体一致性的依据	新型知识分子建构社会角色和社会地位的根据	调整阶层关系、重构教育模式的根据和目标	理想社会的衡量标准、建立团体组织的基础
所阐释的个人与社会的关系	个人组成团体成为有机体；个人与团体利益一致	社会是个人力量的累积；社会与个人有相同的性质、规律	社会环境决定个人力量发挥；团体是个人力量的聚合	应兼顾个人与团体；个人经由团体与社会相联，才能实现力量的扩展
改造社会的方式	通过调整个人的认知和理解、动员个人参与，增强国家力量	通过提升个人能力，提高群体的能力，进而增强国家的竞争力	改变环境条件，可促进个人力量的发挥，进而增强国家的力量	问题在于社会结构，但解决方法在于个人精神态度的转变

　　首先，从每个人创造性观念的阐述中可以看到，创造、创造力对于他们各自改造社会、救亡图强的方案来说，既是一项新兴知识分子针对民众及自身的呼吁和倡导，也为团体组织的建立提供了认识上的依据和支持。梁启超着眼于现代国家以及现代团体格局，他介绍创造进化论时强调，创造时刻发生，每个人生命的本质就在于创造，而创造又在于它来自个体的自由意志，它发自每个人的"心能"，体现为每个人的"尽性"。胡适着眼于社会需要形成一个能够引领社会进步的主导阶层，作为其依据的文化创造

和创造力，是一种个人的能力和活动，需要训练和积累才能得以提高。陶行知主张挖掘民众力量，呼吁知识分子发动民众、实现与民众的联盟，创造力被阐述为个体生而有之的普遍能力，在后天的激发和培养下可以展现，在行动的基础上创造活动得以进行。梁漱溟进行乡村建设运动呼吁知识分子与民众联合，引导和组织民众建立团体而合作，创造主要作为一种个体的人生态度和人生价值而提出，提倡"向上"和"尽性"。创造性观念的倡导中，创造、创造力的概念关乎个体的行为、能力、价值，代表着个体的需求、权利、利益，它带来了对个人生活意义、需求和能力的新的定义方式。这些个人自然诉求的满足需要社会结构的变动为条件，改革的方案、变动的努力和尝试便成为合理而必然的。这一观念的倡导，改变关于个人本是如何生活、应该如何生活、需要何种生活的认知模式，倡导者以此为团体组织或阶层联盟等的形成提供理论支持。因此，创造性观念所带来的对个人的新的理解方式，呼应着新的社会纽带的出现，它是建构新型社会关系的一部分。

其次，围绕这一观念的话语体现出社会改革以个人为社会问题的责任主体，同时也以满足个人需求为社会关系和社会秩序的重要目标。梁启超认为形成国民便可建立强大的国家；胡适论述个人能力的普遍提高带来整个社会和文化的进步；陶行知也指出通过教育培养国民，激发每个人的能力是挽救危亡的唯一途径；梁漱溟明确指出建立社会秩序在于形成团体组织结构，而团体组织的基础在于个人，因此改变个人可以改变国家。他们在制订社会改造计划时，都把社会问题的症结归因于个体的精神面貌和能力高低。而在主张建立团体组织或动员社会群体时，创造性观念又努力阐释团体组织会更好地满足人生创造的本质需求，促进人生理想、个人价值的实现，教育资源的普及和教育方式的改变可以更加广泛地给予每一个人发挥才能的机会。因此，在创造性观念的运用之中，个人是解决问题的责任主体，也是社会改革的受益者。这是创造性观念发挥动员作用的另一种形式——塑造和动员民众的政治主体性。

基于以上分析，作为与救亡图强、社会改革紧密联系的一种观念，创造性观念的动员方式主要是基于个人与社会的累积、叠加、扩展、同构关系的认知，力图从个体入手改变社会的方式。这一观念带来了新的审视个人的方式，认为个人既影响社会发展状态，同时也为社会发展状态所制约，即个人的特性是造成中国落后的原因所在，个人的需要也应该通过社会改革获得更好的实现。以往研究认为这一观念关注个人的能动性，用创造性批判消极服从、安于现状、不思改变的天命观。本研究进一步指出，它提出对个人生活形态的理解与个人自我建构方式的主张，描述了一种重视个体意志、追求自我实现的个人主义的个体形象，其宗旨是在阐释个人生命意义和能力特性的基础之上建构新的社会结合原理，包括推动中国社会团体格局的形成和促进现代知识分子与民众的结合。即创造性观念的话语不仅引入西方创造思想关于主体性与能动性的内涵，欲实现从传统型人格向现代型人格的转化，它更借鉴其中个人与群体的联结方式，通过将群己关系、群群关系阐释为对个人生命目标的有力支撑，试图将个体纳入现代团体组织与阶层联盟这两种新的社会结合方式之中。对于中国社会来说，创造性观念所带来的对人格特性和能力特点的认识和培养方式并非孤立的个体概念，它们代表着个体与群体、群体与群体之间关系模式的设定和转变。

也就是说，创造精神与创造力构成的对个体的阐释方式是一种具有公共性质的个体形式。它是新的社会纽带的建构，且与国家利益和社会发展紧密相关。公共性指涉特定空间范围内的人们的共同利益和价值，强调某种事物与公众、共同体相关联的一些性质（谭安奎，2008；李友梅等，2012）。个体的创造精神与创造力在中国社会得以倡导的目的都是促进中国社会进步、提高国家竞争力，其形式是促使个体基于自我实现而相互依存、相互联结而形成新的集合体。从目的和途径来看，创造性观念是共同体和公共利益的需要，"创造性的人"不仅是个体的存在方式，也是将个体与群体、群体与群体相结合的基础和原点。因此，创造精神与创造力所倡导的是一种公共性的个体形态，对人性的阐释本身便蕴含着对关系伦理与社会秩序的构想。

公共性一般被视为与私人性相分离相对立的范畴(郭湛,2009),陈弱水(2006)指出中国历史上对公与私的讨论也主要将二者视为二元对立的概念,20世纪以后"聚私为公"的观念得到阐扬。他所指的私主要指个人的欲望和利益,而创造精神和创造力不仅代表个体的欲望和利益,也是关于"怎样认识人""应当如何生活"的理解和阐释,是关于个体生活的认知方式和建构方式。它所呈现的公私一致的关系不单是私对公的参与或公对私的满足,其个性与能力的特点本身,便作为参与和获得满足的基础而具有建构共同体、推动共同利益的公共性。此外,以往关于个体公共性的讨论主要在于参与公共领域的机制或对社会共同利益承担的公共责任,如就共同关注的问题展开讨论和行动;维护公共利益和价值取向的精神以及行为主体应具备的公民美德、公共精神等品德(李友梅等,2012)。创造性观念并非对个体对待集合体在情感和态度上的直接要求,而是主张创造尽性人生观和创造力是个人自我实现的目标和方式,它倡导的是包括人生态度和能力特点的个体形态,这一自我认知和自我建构本身,即蕴含着个体对群体的参与和贡献,促进新的社会结合得以形成,是一种公共性的个体形态。

因此,20世纪前期创造性观念的兴起显示,中国现代个人主义思潮对个体的塑造,既在促进个体自我意识觉醒,倡导个性解放、鼓励自我价值实现,也同时借由私人生活需求与生活目标的阐释而推动着社会秩序的重构。创造精神与创造力以新的形式塑造个人从而建构新的共同体和社会结合,它是本身即蕴含公共性的个体存在方式。中国个人主义同时兼顾个体与集体、个人性与公共性,这一双重性格,与知识分子从"士农工商"转向政治上边缘化而努力重建社会认同的过程紧密相关,是中国新型现代知识分子努力重新与民众结合,引领和带动社会力量成长的尝试。因此,20世纪上半期中国社会个人主义的兴起,用以推动个体与国家、团体、阶层之间的结合关系,促进形成新型的公共性个体。进而,通过文化精英所构想的这一公共性个体形态,可以把握他们所期待建构的是一种兼顾稳定与活力的社会秩序,即通过非竞争性的进取性人格,既保持稳定和整合,也实现进步和发展。

中国传统社会治理之道重视个体修身、自我塑造的方式，认为良好的政治与社会是从有价值自觉的个人推扩出来而形成（林毓生，1986；沟口雄三，1991；甘阳、姚中秋等，2016）。性善论作为儒学的主导性的人性理论，有利于形成人与人之间的和谐关系（俞吾金，1999）。传统人格自我建构所关注而期待实现的目标，主要在于控制管理内在欲望和情感、抵御外在功利声誉的诱惑、协调维护既有关系秩序。回避差异并将能力视为道德的附属，所构建的秩序呈现为关系本位的一元化规范。与此相对，"创造性的人"具有展现个性与能力的生命需求，创造性、创造力意味着社会不断趋新、发展，较之于关系秩序的和谐更注重心智能力以及由其产生出来的具体成果。这种个体形态趋向于构成一种流动性的新型社会秩序，旨在促进进步与发展。同时，知识分子的努力和现代国家共同体的目标都包含将各种社会群体重新联结聚拢的意图。"创造性的人"是中国步入现代社会时的一种"文化黏合剂"，通过描绘非竞争性的进取心，维持稳定和团结；通过界定具有潜藏可能性的个体，建构出新的共同体和新的阶层关系，形成具有向心力、凝聚力的中国社会。

个人主义思潮与创造性观念兴盛一时而转向衰落，并未成为身体化的观念和价值取向。以往研究指出个人主义本是一种工具，本研究也可以确认这一点。创造力、创造性虽然兴盛一时，除了转化衍生为社会主义革命话语，并未成为深入人心的观念，个人主义的关系伦理也由盛转衰。作为个人主义的人性阐释和生活方式主张，创造观念的主张也是借由推动团体格局以及试图确立新型阶层关系的文化工具，但重要的是从工具中可以看到当时的中国社会由此要实现何种目标、趋于何种方向。对"创造性的人"的阐述，呈现了中国文化精英面对全球变革时对中国现代化的构想。这一构想同时受到追求现代性和"一战"后反思现代性的西方观念的影响，它代表着超越中国传统社会与西方现代社会弊端，对新式文明秩序的探索和追求，而非对西方启蒙思潮的简单接受或追随。创造性观念提示，西方社会的现代化与反思现代化相生相伴、同步进行，而在论述非西方社会的现代化时，既有大多聚焦于趋向现代化的过程，而较少深入呈现非西方国家对西方社会反思现代性的借鉴。创造性观念呈现出中国步入现代社会之初，文化精英和改良者们一直在不断审视、权衡、选择，试图摸索出能够克服中西社会弊端的新型文明秩序。

二、"创造性的人"与现代共同体

每位倡导者的创造性观念与建立团体组织之间的关联有所不同，创造性观念对建立现代国家、团体组织的作用主要体现为两点：

（1）根据创造性观念为团体和个人之间的关系原理提供依据。几位倡导者一方面将创造活动、创造能力、创造精神论述为个人的利益和需要：创造是人生的本质，是人生意义和个人价值所在，也是个体自我实现的需求，它意味着一种个人的根本利益，在一定的外界条件下才可以获得满足。同时，将国家及其代表的团体组织论述为能够有力地促进这一个体需要实现，因此具有合理性和必要性，团体与个人之间冲突被淡化，目标一致而互相成全。此外，以促进创造为准则，团体中个人的权利与自由从个人自我主张转化为来自团体利益的要求，这同样兼顾和平衡了团体与个人的需要。

（2）根据创造性观念将现代团体组织与中国传统关系结构从认知和理解上进行疏通。如梁启超用创造进化论说明现代国家与天下观并不相悖，国家是个人创造进化的需要，它具有边界和独立的性质与特点，同时也可继续向世界主义扩展。梁漱溟则论述"创造冲动"即孔子所说"刚"的态度，代表人生向上，而团体要促进个人向上创造，与中国传统乡约的精髓相一致。他将个人与团体的关系阐释为在中国传统"五伦"的基础上再增加一伦。这些论述努力将现代团体的原理与中国传统的关系规范相调和，缓解二者在认知和伦理情感上的冲突。

这些考察也显示，依据创造性观念所建构的团体概念主要解决和处理团体与个人之间的关系，论述二者的目标一致性与互动关系中的伦理原则。因此他们主要关注的是团体与个人之间的紧张，试图缓解二者的立场冲突和利益矛盾。按照韦伯的定义，团体是"指挥者或一般具有代表权的管理者负责在其中维持一定社会关系秩序的集团"。指挥者以及具有代表权的管理人员是否存在，被视为是否为团体的重要指标。而中国近代在创造性观念中建构的团体概念，主要关注团体与个人之间关系的说明，极少涉及团体的管理机制、组织结构、团体内部成员之间的关系等方面的问题。创造性观念的阐释及其运用，主要目的是通过诉诸个人的世界观和伦理感情，引导、促成中国社会在态度上对现代团体的接受和认同。

综上所述，创造性观念的阐述从个人的利益需求出发，说明团体的必要性、有益性、合理性。这一观念的阐发和运用，以平衡兼顾个人与团体的方式，且与传统关系结构原理相调和的形式，促进中国社会对现代团体的理解和接受。创造性观念的倡导从个人的认知模式和伦理情感上推动现代团体的成立，按照费孝通关于中国社会关系结构的理论，即创造性观念的阐述试图在不改变差序格局的基础上接受团体格局，支持和促进中国社会向团体格局的转化。

中国是一个关系主义、关系导向的社会，以"关系"形态为主的日常生活构成了中国社会基本的民情和行为方式（边燕杰、杨洋，2019；周飞舟，2018）。相应地，当代的关系社会被认为建立在传统社会关系结构的基础之上，来源于中国数千年的封建主义和自然的或自给自足经济所形成的对血缘关系和宗法制度的依赖（杨美惠，2009；翟学伟，2009）。儒家以亲属关系的距离等级和义务层次调节各种关系，"差序格局"便是以家庭伦理为基础的社会关系结构形态。基于家庭关系、私人关系的伦理随着每个人差序格局的扩展蔓延至各种政治、经济和社会关系，构成了中国伦理本位的"关系社会"。

冯友兰、潘光旦都曾指出，在以家为本位的社会制度中，一切社会组织以家为中心，一切人与人的关系须套在家的关系中。因此，家是社会关系的出发点、集中点，差序格局的伦理是以家庭的伦理类推而成。金耀基认为，儒家"修身齐家治国平天下"的原意是打通和超越个人与社会之间隔，但这条大路之所以走不通，主要是在于家族主义膨胀而使儒家的社会组织原理、伦理规范均以家为中心。而在中国家本位的伦理社会中，人与人的关系依特殊关系结构而建立，有亲疏差等而非一视同仁，以致家之内出现个人淹没于家、家之外出现有个人而无他人的利己主义的倾向性。对此，清末以来知识分子的努力一是救亡图强，试图把个人对家的忠诚转为对国家的忠诚；一是个人的启蒙，尝试把个人从家的桎梏中解放出来，而两者都在批判中国传统的家（金耀基，2002）。进而，差序格局基础上的关系社会是中国现代国家的社会基础，社会主义革命需要运用这一社会团结机制进行民众的组织与动员（裴宜理，2001；应星，2015），它可以作为个体联结并获取资源的社会资本（杨美惠，2009；边燕杰、杨洋，2019），国家与制度理性也与这一社会的自我保护机制构成冲突而需要对其进行限制与治理（杨美惠，2009；何朝银，2019）。

改革开放以后，关系主义在经济生活、社会生活中重新抬头并日益活跃。20世纪80年代中期社会学领域曾围绕看待社会关系的方式有过学术争论，如社会关系在现代社会的经济活动中能不能被利用，关系在何种情况下可能转化为不正常的"开后门"（李树林，1985）。对"关系网"持肯定态度的立场认为私人关系具有组织正式关系无法替代的功能，即加强各组织、各层次的联系，及时有效地协调组织间的关系，提高办事效率；可以建立更完善的沟通网络，是一种其他形式不能够得到的情报的来源（王建胜，1985；陈建中，1985）。批判立场指出私人关系的消极作用，主要包括三个方面：（1）容易造成利用关系为个人或小集团谋私的不正之风，导致滥用权力、损公利己等不良现象，损害党纪国法，破坏公正廉洁（王建胜，1985；陈建中，1985；张小飞，1986；林双忠，1987）。（2）关系网要达到相互利用的私人目的，造成人际关系工具化、功利化，使个人主义、利己主义恶性膨胀（蔡小平，1986；张小飞，1986；林双忠，1987）。（3）破坏社会生活的公正原则（林双忠，1987；朱力，1993），进一步造成社会的不平等（张小飞，1986）。

理解"差序格局"的存续与演变，不仅是把握中国社会变迁的重要环节。20世纪80年代的争论依据显示，看待关系主义的价值对立主要在于效率与公正的冲突。"差序格局"在制度实践中以特殊主义的生活逻辑替代普遍主义的制度逻辑，消解了正式制度自我期许的普遍主义的价值基础和合法性(肖瑛，2014)。与此相对，也有观点指出差序格局的结构原则并非就是"特殊主义""差别的""私"的，从中国传统文明本身的原则来看，差序格局包含着"公"的价值取向(周飞舟，2018)。源自西方社会学的社会网络和社会资本理论引入后，中国的关系社会更多地从关系网络和社会资本的视角进行研究，对关系社会与社会公正之间的探讨减少。整体来看，关系研究显示出三种关系主义的理论模型(边燕杰、杨洋，2019)：将关系主义的本质定义为家族亲情伦理和义务的社会延伸；将关系的本质定义为特殊主义的工具性纽带；将关系的本质定义为非对称性的社会交换。

对照这些观点，本书对"创造性的人"的考察展现了现代化早期的中国文化精英力图在差序格局的基础上建立团体格局，个人主义的人性阐释成为调节差序格局关系伦理与团体格局新型关系模式之间的重要枢纽。由此可以看到文化精英设计中国现代团体格局的三个特点。

第一，"创造性的人"展现了现代国家认同被嵌入中国传统伦理之中，现代共同体的成立意味着关系伦理构造的扩充兼容，个体的国家认同与家族认同从"家国同构"走向"家国并存"。中国社会的国家与家族之间始终保持着张力，在家族伦理基础之上的关系主义，与国家所代表的制度理性和正式规范也被认为构成相互抗衡的关系。而"创造性的人"所阐发的现代共同体，构成传统关系伦理构造的扩充容纳而非将之取代。这提示，用取代、冲突的关系来理解传统与现代化的关系，容易忽视或遮蔽中国社会关系可能具有的包容性构造。从机械团结到有机团结、从礼俗社会到法理社会，西方的现代社会关系的现代化强调变动，进步意味着新事物对旧事物的逐渐取代甚至消灭。而中国的早期现代知识分子所设计、推动的社会改造方案，是将新事物嵌入、融合进原有的关系伦理结构之中。沿用以文化改造社会、以个体推扩秩序的思路，改良思想家们通过人性的阐释建构新的关系伦理，并依据意义的操作使得传统关系伦理与个人主义、团体主义共存，家族、天下与现代民族国家互不抵牾。也就是说，对于中国社会来说，现代化意味着在文化维度上的扩充包容、兼收并蓄。这一点可以从 20 世纪以后的社会变动中得以确证，尽管对于儒家思想、家族主义等多有批判甚至抨击，但传统道德伦理维度并未真正消失，在市场化以后重新兴起，成为根深蒂固的"执拗的低音"（王汎森，2020）和中国的"社会底蕴"（杨善华，孙飞宇，2015）。

第二，"创造性的人"之阐释作为一种新秩序的设计与构建，展现了中国知识分子对共同体的想象中，群己关系被阐释为互利互惠的对等关系，并未偏重群或己。以往研究指出现代国家认同在 20 世纪上半期没有能实现，直至社会主义政权建立以后才真正形成（应星，2022）。但在 20 世纪上半期，可以清晰地看到中国社会知识分子现代国家认同的内涵和特点。较之于与宗教神圣权威认同之间的关系，中国现代国家认同主要与家族认同之间相纠葛。这一认同是从世俗生活到世俗生活的扩充性转变，其论述说服主要着眼于现代国家如何能够满足个体利益，两者被描述为对等互惠、相辅相成、彼此成就的关系。中国传统国家的成员资格和认同并非基于血统或种族，而是生活方式和文化理念（王柯，2020）。从创造性的人来看，现代国家认同也仍旧通过个体的生活方式和文化理念，诠释现代共同体的合理性、有利性。如果西方民族国家是在宗教之外提供身份归属和情感寄寓，则这一观念呈现了中国现代国家认同中包含着这样一种利益维度的关系：国家被视为在家族之外满足个体利益与价值需求的新型群己关系。这种利益的论说不仅包括具体的物质收入、社会地位，更侧重于阐释个体的个性与内在潜能得以激发和施展，满足个体自我价值实现的需要。

第三，基于"创造性的人"而建构的现代国家，构成对个体潜在资源的把握和塑造，在时间维度上扩展到对未来的管理。创造观念中的人性阐释设定了一种有待呈现的、具有内在深度和潜力的人的形象，需要社会环境提供条件使其潜藏的能力和价值得以充分展现发挥。梁漱溟和梁启超在将展现能力和价值界定为个体的需求，进而论述对个人需求提供支持的是现代国家，使现代国家对于个体来说成为一种有意义的、互利互惠的关系；而胡适和陶行知则将之付之于教育的理念和实践，通过知识分子与民众之间的平等化和相互学习，促使潜在的才能得以磨练和显现出来。因此，作为一种个人主义的人性阐释，"创造性的人"是一种纵深型的、富有可能性和不确定性的人的形态，并且与环境条件相互倚重。也就是说，中国现代早期的知识分子的现代社会构想之中，现代国家被认知和设想为富有时间维度的共同体，是对未来可能性的管理和把控。查尔斯·蒂利（2007）指出在战争背景下形成的现代国家，旨在更为有效地汲取资源，国民的生活被更加直接地管理、主导和利用。从人性阐释的角度来看，现代国家作为一种资源攫取的机制，不仅着眼于当下的人力、物力，还着眼于未来每个个体的潜藏的可能性，并为了充分获得这种可能性而广泛地普及对民众的教育。相应地，现代教育的兴起不仅培养合格的劳动者、维系社会秩序和形成阶层流动，也正是管理未来的一种重要方式。

三、创造性观念与知识分子的离散性阶层关系

接受和主张西方观念的新型知识分子一方面在政治上日益边缘化，另一方面较之以往的士绅阶层也越来越远离乡村社会、远离普通民众，原有的皇权、士绅、民众之间联结机制日益走向分离松散。在此阶层结构的离散性状态之下，"创造性的人"作为一种个人主义的人性阐释和生活方式的主张，是知识分子力图重新确立和发挥社会生活中的主导作用、重建社会群体联结的努力。创造性观念的话语呈现出，在民族危机的背景下，中国近代以后社会力量的兴起与现代国家的形成及其组织动员相生相伴，而努力重建文化权威的新型知识分子群体成为两者间的重要媒介而将国家与社会紧密相连。

但也由于这种处于离散性趋势的社会结构变动，新型知识分子已失去与政治权力和基层民众之间的紧密关系，他们所倡导的个人主义式个体认知及生活方式、关系伦理等，既难以制度化，也未能充分渗透进所有阶层的生活之中成为身体化的思维倾向或行为模式。对于民众的日常生活来说，这一新式话语方式与民俗日用相互隔膜。创造性个体的设定与传统人

格理想追求自控、调和的道德主体性截然不同，意味着长久以来自我理解、人格建构、关系伦理、生活方式等一系列"惯习"的扭转和改变，而这显然难以迅速被认同和实践。创造观念及其推动的现代国家认同兴盛一时但并未扎根，不仅由于阶层结构的离散性而传播范围有限，也由于自我建构模式与传统社会人格理想相距较大，短期内难以渗透于社会生活和个体行动之中，停留于精英式话语而未能成为制度化或身体化的文化资本，直至社会主义革命以后才出现了工农阶级对这一词语的模仿和使用。

　　本书对梁启超、胡适、陶行知、梁漱溟四位倡导者的观念进行分析，不仅着眼于他们直接主张的涵义以及对这些涵义的运用，也考察这些观念得以表达的语境，分析创造性观念的主张作为一种社会行动的意义。表8-2分别从创造主体、创造活动的协助者、观念传播对象、观念批判对象、社会改革的主导力量、社会改革方式等方面，对创造性观念的表达行动所处的社会关系结构进行了归纳。

表8-2　　　　　　　　创造性观念主要涉及的社会群体

	梁启超	胡适	陶行知	梁漱溟
创造主体	中国社会成员尤指普通民众	新型知识分子	普通民众	民众尤其是农民
创造活动的协助者	知识分子	普通民众	新型知识分子	知识分子
观念传播的主要对象	中国社会成员	新型知识分子	基层知识分子	基层知识分子
观念批判的对象	中国社会成员	旧知识分子政府	旧知识分子	农民政府
社会改革的主导力量	中国国民	新型知识分子	新型知识分子	知识分子
社会改革的方式	现代国家和现代国民的形成	新型知识分子依靠民众	新型知识分子引导、联合民众	知识分子发动、联合民众

　　梁启超关于创造进化论的主张、阐发、运用，主要针对的是国民社会参与的消极态度，国家认同和国民意识的低下，以及对于团体与个人关系

的理解隔膜。因此，其创造性观念表述的创造主体是普遍的社会成员，创造是每一个人生命的本质，代表每一个人渴望获得实现的基本利益。梁启超所关注的、所呼吁的，是以往社会改革所忽视的普通民众。但他的思想主张主要通过著作进行表达，在当时思想可以直接传播的读者群是知识分子，包括传统知识分子和新的现代知识分子。梁启超被视为从科举制下传统知识分子向科举废除后现代知识分子过渡和转化的一代，他的创造性主张中并未呈现出对新旧知识分子的明确区分或界定，其中涉及知识分子的部分多以教育者的角色出现。因此，作为其思想表达所直接设计的关系结构，梁启超主要是在面向知识分子的传播路径中，面向广泛的一般社会成员，进行创造性观念的阐述和主张。

胡适的观念表达主要面向新型知识分子，呼吁创造的对象也是科举废除以后建立的现代教育机构中的新一代知识分子。他把士大夫所代表的科举制度下的传统知识分子作为创造的对立面，进行无情的批判和抨击，颠覆其文化权威的基础主张取而代之；政治统治权力也被视为提升创造活力的负面因素。胡适肯定了民众创造活动的价值和意义，但认为他们的创造能力不足，将民众定义为知识分子在创造活动中的一种辅助性角色，是应该依靠的重要力量，而非创造的主要力量。胡适的创造性观念中，知识分子才是善于学习而能促使中国社会进步的创造主体，中国社会的进步应该以知识分子为主导、以民众为辅助力量而实现。其创造思想的主张和表达未超出现代知识分子的机构和范畴之外。因此，胡适的创造性观念是现代知识精英面向自身知识分子群体所进行的动员，是新兴知识分子形成阶层认同、建构自身权威的实践。

陶行知的创造性观念也重新评价民众的力量，并将民众而非知识分子视为创造的主体，他主张新型知识分子成为社会改革的主导力量，其主导作用在于引导、培养、支持民众进行创造活动。陶行知对旧知识分子持有强烈的批判态度，但没有明确地涉及政府权力。他不仅呼吁知识分子发动民众、联合民众，也直接对民众发出积极创造的号召，但是在当时城乡分离、识字率低下、知识分子与民众结合度下降的状况之下，陶行知充满浪漫主义色彩的创造性主张，以及他所运用的新的话语方式，使得其创造思想实际上主要的传播对象是现代教育机构中的基层知识分子。因此总的来说，陶行知的创造性观念是呼吁基层知识分子积极接近民众、发动民众的话语实践。

梁漱溟通过创造性观念呼吁知识分子发动民众组织起来。他所提倡的创造主体也是民众，尤其是乡村建设运动所关注的农村居民。他认为中国社会的革命需要知识分子和民众相互结合，乡村建设运动正是这样的实践，二者结合的形式之一就体现为知识分子指导农民合作而成立团体组织。从社会阶层结构的角度来看，梁漱溟的创造精神便是知识分子发动民众、组织民众的呼吁和动员。这种呼吁和动员主要面对的对象是参与乡村建设运动，未来即将进入农村社会工作的基层知识分子。梁漱溟希望以他们为中介，进一步向农民进行传播，并把创造翻译成更通俗的词语。梁漱溟的创造性观念并不批判传统知识分子，重视将传统文化要素与西方文化要素相统合贯通，作为建立新社会结构的伦理基础。其创造性观念的主张也涉及对政府的批评，认为政府机械地挪用西方地方管理制度，忽略传统伦理所重视的人的"向上"和人际关系的"情谊"，有违创造精神的内涵。因此，梁漱溟创造精神的批判对象是消极、散漫的农民与一味引入西方制度而忽略中国社会情感与伦理的政府。

从个案考察来看，每个创造性观念的主张者都从不同的视角、面对各自的对象、提出了不尽相同的创造主体，但他们具有以下几点共性。

第一，四位倡导者都具有横跨东西方文化的知识结构，是中国近代社会的文化精英。除梁漱溟外，梁启超、胡适、陶行知都曾在国外留学或考察，曾接触他们所引介的创造学说的学者如柏格森、杜威。梁漱溟虽然没有留学经历，但对世界思想文化有着精深的研究，其代表作《东西文化及其哲学》主要论述西方文化、印度文化和中国文化的特点和差异，因此精通世界文化流派及其发展趋势，代表着从科举时代旧知识分子过渡和转化而来的现代知识分子的精英。他们的创造性观念都从救亡图强的危机意识出发，而且不论所主张的创造主体是普通民众（如陶行知、梁漱溟）还是文化阶层(如胡适),知识分子都被定位为引领创造的主导性力量。

第二,他们都不同程度地重新肯定民众的能力和价值,创造性观念的主张与民众力量的培育密切相关。梁启超呼吁创造要建立国民认同,他认为现代国家间的竞争归根结底是国民力量的竞争;胡适积极评价了民众文化创造活力和在文化发展历程中的巨大作用,认为他们是新型知识分子依靠的重要力量;陶行知指出民众力量巨大不可估量却久受忽视和抑制,民众力量的成长才是救亡图存的唯一途径;梁漱溟认为民众通过团体组织而相互合作,推动社会力量的成长,知识分子与农民的联合才能促成社会改革的成功。他们通过创造性观念重新评价民众的重要性、赋予或提高民众所拥有的符号价值、促进他们与精英阶层之间社会关系结构的平等化。

第三,他们的创造性主张虽然都关注普通民众,并力图向民众传播,但这些主张的表达所面对的直接受众主要是知识分子群体。梁启超的著作和所办报刊,主要读者是士绅阶层,思想传播的对象在客观上将农民、工人、"引车卖浆者"排除在外;胡适倡导更易被民众接受的白话文写作,但他的演讲和文章主要以现代教育机构中的知识分子为主要听众和读者;陶行知虽努力向民众呼吁,其大部分演讲和文章面向的是参与教育试验的基层知识分子以及教育界的人士;梁漱溟述其创造性主张,大部分是在乡村建设运动培养进入农村工作的学员的过程中。虽然倡导者希望并试图扩大观念的受众范围,通过知识分子阶层向底层民众更广泛地传播,然而他们进行表达所使用的新型话语特点与民众之间存在隔膜,表述语境逐渐接近民众但未能实现对民众的直接表达,传统社会结构造成文化资源分配与普及的限制,强有力地作用于现代观念的传播,创造性观念是最先汲取西方思潮的知识精英对基层知识分子所表述的、重新评价普通民众、动员和联合民众的话语实践。

第四,他们多对国民政府的管理体制抱有批判态度,认为当时的统治权力带来对创造力、创造活动、创造精神的压制,与此相应,创造性观念主张主要与社会自发、自觉力量的成长相联系。梁启超指出国家的竞争不在于帝王和政府等统治阶层,而在于大多数国民的力量;胡适虽然重视新型知识分子的主导地位建构，但也主张知识分子和"愚夫愚妇"的联合，这一联合是独立于政府制度之外的；陶行知没有明确批判政府，但他指出要关注被忽视的大多数人的力量，致力于平民教育，他创办的学校曾被国民政府查封，因此与当时政府的关系显然是紧张的；梁漱溟的乡村建设运动受到国民政府的支持，但他明确指出乡村建设运动的主旨是要培养和促进社会力量的壮大，"引生社会民众自己的力量"，并主张社会自我组织能力的机制和原理与政府推行的管理制度相异，强调社会秩序的形成要依靠"礼俗"和"自力"，而非统治力量。他们的创造性观念支持着相对于政府的社会力量的成长。

以往研究指出，士农工商四民社会解体，身份地位变化最大的是原为四民之首的读书人，因此对于近代的过渡感受最强烈（罗志田，2014：155-156）。以前读书人在思想上和社会上都处于中心，从士的时代转化为知识人时代以后，思想上仍欲为士。他们在意识层面想要与民众打成一片，但其既要面向大众，又不想追随大众，更要指导大众。同时，出现新的社群媒体知识阶层，多半脱离乡土社会，寄居于沿海城市，与中央政府和地方政府都缺少有机关系。然而士绅淡出后的民间社会持续衰退，当时中国社会呈现为散沙的个人与不知所措的政府。代民众立言的士人希望普通民众在国家和社会事务中扮演更重要的角色，甚至在国家兴亡中起决定性的作用（罗志田，2014）。从本研究的考察来看，"创造性的人"这一体现个人主义特点的人性主张，是转型时期知识分子力图以现代理念重构"士"这一传统社会角色的努力，即面向大众、指导大众进而带动和引领社会力量的凝聚，重新成为社会生活的重要力量。

四位创造性观念主要建构者和推广者的共同点显示，从社会阶层结构的角度来看，20世纪上半叶中国社会创造性观念的兴起，是新兴知识分子的精英接纳西方创造思想，按照自身社会改革方案的需要重塑这些观念的内涵的话语实践；这一观念主要面向现代教育机构成长起来的基层知识分子，重新评价普通民众的力量，呼吁知识分子群体与民众接近、联合。创造性观念的号召旨在通过发动、组织民众的过程引导中国基层社会力量的崛起，并完成现代知识分子群体社会地位和社会角色的转换。创造性观念是新兴的现代知识精英进行社会力量动员的一种方式，也是他们形成自我认同、建构社会角色与社会地位的一项资源。在中国近代社会结构变动中，这一观念代表着现代知识分子联合并领导民众的愿望，意味着相对于政府的社会力量的浮现及其崛起的趋势。

以往研究指出转型时代的知识分子常常徘徊于中西之间，其文化认同感带有强烈的游移性、暧昧性与矛盾性，即一方面憎恨西方帝国主义，另一方面深知学习西学是生存需要，造成一种爱恨交加、混杂羡慕与焦虑的复杂情绪（列文森，2009；罗志田，2014）。转型时代知识分子所思考的社会改良方式具有以下特点（罗志田，2014）：理想主义心态；引入西学的演进史观，相信直线演进；含有一种高度的政治积极性，强烈的政治行动倾向；认为人的思想与意志是改造外在世界的动力，反映一种高度的人本意识等。这些特点也在创造性的人格主张中得以体现。基于本研究的分析和探讨，若从中国社会阶层结构变动中知识分子社会地位与社会角色的转化进行理解，这些思想与改良方式的特点便并非冲突矛盾的产物，而是体现着连贯一致的确立现代新型知识分子主体性的需要。

关于五四新文化运动时期的社会思潮，有观点认为它的一个基本影响是引导对中国的社会问题做出纯文化分析的判断，各种反传统思潮仍旧延续儒家的思维模式，即"借思想、文化以解决问题"（林毓生，1986）。刘长林（2007：224）认为新文化运动时期，各种社会思潮是主张社会变革的思想家在新型的知识学科中寻找社会制度正当性的论证资源。而余英时注意到反传统思想与新型知识分子社会地位之间的关联。他用"激进化"描述20世纪的中国思想，认为中国现代知识分子的激进模式可以理解为一种边缘化的体现，在政治上的边缘化使他们较传统的士更容易接受激进思想（余英时，2007：351）。这些研究可印证本书的观点，即思想、文化的模式不仅是解决中国社会危机的方式，也是现代知识分子在社会变动中对自身处境的一种反应。

从社会群体关系上看，创造性观念的倡导呈现出新旧知识分子之间的交锋，同时也是新型知识分子面向农民进行发动和联合的行动，成为知识分子争取确立社会权威的一种话语策略。艾森斯塔德（1992：237-239）曾指出，中国社会的政治过程重视文化目标，对文化取向的强调，极大地影响了主要群体和阶层所投身的政治斗争课题的性质。创造观念的借鉴、阐释和运用，不仅仅是对"借思想文化解决问题"这一传统思维模式的延续，或对建立新社会制度的正当性论证，也延续了注重以文化价值的正当性获取社会地位的模式。从阶层结构变动的角度来看，通过文化与思想改造社会中国现代化转型过程中，新型知识分子确立社会地位、争取主导权的途径。同时，这也显示，观念的表达作为一种行动，意味着关系模式的调整，以及相关各方对新的社会角色的构建。

四、观念与社会变迁

基于对创造性观念的考察和结论，本书结合有关思想观念与社会变迁的先行研究，对观念的社会基础与社会变迁中观念的作用，提出本书的观点。

（一）以个体形态推动新型社会纽带与社会秩序的建构

如第一章所述，知识社会学关注思想、价值观与其社会背景之间的联系，认为思想观念由其社会基础所决定，具有某一属性的群体及其社会地位尤其受到前人研究的关注。本研究从社会结构的角度对中国近代社会创造性观念的兴起进行考察，发现创造性观念是一种动员方式，这一观念与新型知识分子社会角色、社会地位的建构以及其群体关系的调整密切相关，也与中国社会现代团体组织的建立以及社会力量的成长紧密联系。本研究在考察过程中印证了第一章所归纳的一些观点，如创造性观念的倡导者和传播者正像舍勒所指出的那样，主要操作主体是精英群体，这一群体的取向是思想观念变迁与社会变迁的共同条件。曼海姆强调社会地位决定人们认识事物、感知事物的方式和人们形成思维的方式，创造性观念在中国的介绍和主张也显示，它主要表达了知识分子群体的愿望。而按照默顿总结的精神产品的社会基础类型，创造性观念的主要决定因素可以归结为社会地位、阶级、职业角色、历史情境。本书基于创造性观念的考察认为，在这些因素之外，个人相互联结的形式，以及群体之间相互联结的形式，也是影响观念的重要因素。

对于中国社会来说，作为一种现代思想，创造性观念是近代以后从西方引进的外来思潮。文化精英在倡导创造、创造力的观念时，一方面介绍西方的思想学说，另一方面对其进行了补充和重塑，形成了独特的内涵和各自强调的重点。这些新的内容与它们对中国社会问题的认识方式、进行社会改革的方法和途径相互呼应。它们的涵义所对应的社会结构问题，主要是向现代国家以及现代团体形式的转变，以及知识分子阶层与其他社会群体，尤其是与普通民众之间关系模式的调整。对于当时的中国社会来说，现代国家及其所代表的现代团体组织，是个体相互聚合的新的纽带；科举后现代教育制度下城乡分离，知识分子与民众尤其是农民接近和联合，也是重新塑造群体间的结合方式。根据形成这些新的联结方式的需要，创造性观念的内容和涵义倾向于指出所有人身上普遍具有一种不易呈现的能力，这种能力的实现意义重大，但它在某些条件下才会获得激发、得以施展；而现代团体以及知识分子与普通民众的联合，正是能够符合这些条件，因而具有必要性和合理性。因此，对于创造性观念来说，除了其倡导者新型知识分子群体的特点和意图，影响其内涵的一个重要的社会因素是向新的社会关系模式进行转换的需要。

因此，创造力、创造精神、创造活动等并不仅仅是孤立的概念，它们呼应着某种社会纽带的形式，代表或伴随着个体之间或群体之间的某种关系模式。接受一种观念，按照这一观念塑造自身的态度、理想，意味着对它所代表的关系模式的肯定，或带来向相应关系模式转变的需要。在此意义上，创造性观念是一种目标关系模式的建构。

(二) 个人主义观念在中国社会变迁中的作用：多个范畴的链接与共振

从对四位倡导者的考察中可以看到，创造、创造力作为一种作为社会力量动员的方式，涉及多方的主体以及社会生活的多个层次，牵系着社会许多方面的变动，形成社会变动范畴的链接与共振。

首先，创造性观念带来了关于个人生活的新的理解方式。创造被定义为人类生活的本质、人类优越于其他生物的标志，进而创造是人生的意义所在，它意味着向上、进取的生活态度和实现自身价值的人生理想。而创造的能力成为个体能力的新的指标，它被描述为人类世世代代适应世界的智慧的积累，创造力隐藏在每个人的自然本能之中，是先天具备的才能；但它在后天能否发挥以及能够多大程度上展现出来，依赖于社会环境的条件和所用，它需要教育的启发和培养，是一项需要按照程序进行学习和训练的技能。创造和创造力所代表的精神、态度、意义，倡导者们将其用中国传统表达方式转换为"心能""尽性""刚""向上"等词语，但"创造进化论""创造的智慧""创造冲动"的介绍与重塑的过程中，创造、创造力揭示了与传统文化不同的对人生价值和个体能力的认知方法。

其次，这些关于个人的定义和阐释是社会动员的一部分，倡导者据此主张团体组织的建立或调整知识分子与民众以及其他群体的关系和距离。在团体组织方面，创造性观念是团体的价值基础和伦理基础，国家与国民的关系、团体与个体的关系建立在以创造为共同目标的基础上，团体应为个体提供更好的条件，提高和满足个体的创造冲动，给予个体充分的机会施展才能，将每个人的创造力激发并聚合起来，并使创造的影响和贡献得以不断扩展，促进个体"尽性"而实现自身价值、获得人生的意义。创造、创造力蕴含着一种个体团结和组织为团体的方式和伦理。

在阶层关系模式方面，知识分子的角色和使命是提升民众的创造力、依靠民众的创造力。创造力的定义与其作为个人能力的特性，使知识分子对民众进行重新评价和估计，创造活动的前提和条件使两个群体间文化资本的符号价值向均等化调整，并由此要求知识分子在感情、社会地位、生活方式上主动与民众相接近，同时，创造和创造力需要新的以平等、民主为特点的关系模式，并要求伴随教育场域中更加开放的知识生产方式。这些意味着创造活动、创造力塑造了新的文化资本，它改变了阶层等级再生产的方式，试图打破和转换中国传统的上下分离、等级分明的阶层关系，这也体现为微观社会场域中权力关系的新形式。因此，在社会力量的动员过程中，创造、创造力树立了新的组织原理和关系模式，代表着一种团体中的伦理、阶层之间的交往方式。

同时，创造与创造力还被论述为社会发展、文化进步的重要依据和标志。在面临国家落后和民族危机的情境下，创造是寻求救国图强、建设理想社会的方式。创造和创造力的观念形成了关于国家富强和理想社会的期待与设定。一个进步的国家意味着创造环境自由、创造活动活跃、创造成果丰富、创造水平优秀；一个良好的社会是促进和激发每个人的创造冲动而抑制占有冲动，促进积极向上的善行，并为每个群体都提供普遍的实现创造需求、实现人生价值的机会，使人们的才华得以充分施展。

由上可见，创造性观念的内容层次丰富，创造、创造力的涵义不仅是个人的能力、态度、价值，也代表着个体对团体的认识和理解方式、团体组织的构成与原理，同时它还蕴含着以平等、开放为特点的关系模式，并指向理想的社会与国家的发展方向。创造性观念作为一种依据和标准，重新阐释了个人的生活、团体的原理、阶层的关系、社会的发展，它的涵义涉及从个人到社会的诸多层次与范畴，并且每个范畴的定义和阐释并非单独独立，它们是互相连通彼此一体的。从社会变动的角度来看，创造性观念把个人生活理念与现代国家、现代团体的形成相联结，将微观的社会场域权力关系的调整与宏观的社会阶层结构的转变相联系。因此，这一西方思想在其接受的过程中，将中国社会生活诸多层面的变动相连接，显示出知识精英试图通过观念的普及，实现社会结构与个人生活、宏观与微观层面上在同一方向上协调一致而达成共同变化。本书将创造性观念呈现的这一作用称为社会变动中的连接与共振。一种观念的建构将结构变动和个人生活相联系，因此对人性的阐释本身便蕴含着一种与其对应的一系列理想的关系模式。

从创造、创造力的概念和围绕这些概念的观念来看，观念在社会的变动中发挥着连接多个社会生活范畴而引起它们共同变化的作用。它将社会与个人、宏观结构变动与微观的场域紧密地联系在一起，观念所欲引发的社会变动并非仅仅某一范畴或某一层次，它扩展为多层次、多范畴的，牵动起从个人生价值观到团体组织原理、日常交往模式，以至整个社会群体关系、阶层结构的同时变化。创造性观念是现代新兴知识分子进行改革、联合民众、自我建构的一部分。从涵义的重塑到观念的主张和呼吁，都是调整社会结构的实践。但如考察中所示，原有社会结构的特点，尤其是知识阶层与普通民众之间的社会距离，限制了创造性观念的普及，使这一观念主要停留于知识精英向基层知识分子的传播。观念作为资源在阶层间传播时受到原有结构特点的影响，创造性观念所连接而欲引起共振的社会变动便难以真正实现。

20 世纪上半期中国创造性观念的发展是中国社会面对外部国际秩序的刺激和压力，在世界体系中获得生存和尊严的自我调整，这一调整力图通过接受西方的团体组织形式以抗衡西方带来的威胁，并在现代民族国家的框架下通过知识分子与大众的联合促成社会力量的崛起。这一研究既显示出观念的传播和作用受到社会结构强有力的制约，也呈现了观念可能具有的力量，它不仅在于内容本身，更在于它的运用方式；不仅在于某一方向的指明，更在于它对社会多个层次多个范畴的连接而牵动引起的共振作用。

参 考 文 献

[1]埃里希·弗洛姆. 逃避自由[M]. 刘林海译. 北京：国际文化出版公司，2007.

[2]埃利亚斯. 文明的进程[M]. 王佩莉、袁志英译. 上海：上海译文出版社，2009.

[3]艾森斯塔德. 帝国的政治体系[M]. 阎步克译. 贵阳：贵州人民出版社，1992.

[4]昂利·柏格森. 创造进化论[M]. 肖聿译. 北京：华夏出版社，1999.

[5]彼得·伯格、托马斯·卢克曼. 现实的社会构建[M]. 汪涌译. 北京：北京大学出版社，2009.

[6]贝克. 个体化[M]. 李荣山、范譞等译. 北京：北京大学出版社，2011.

[7]北京创造学会. 创造创新五百问[M]. 北京：民主与建设出版社，2004.

[8]边燕杰、杨洋. 作为中国主体话语的关系社会学[J]. 人文杂志，2019（9）.

[9]伯瑞. 进步的观念[M]. 范祥涛译. 上海：上海三联书店，2005.

[10]柏特兰·罗素. 社会改造原理[M]. 张师竹译. 上海：上海人民出版社，1959.

[11]布尔迪厄. 实践感[M]. 蒋梓骅译. 南京：译林出版社，2003.

[12]布尔迪厄. 文化资本与社会炼金术[M]. 包亚明译. 北京：商务印书馆，1997.

[13]布尔迪厄. 自我分析纲要[M]. 刘晖译. 北京：中国人民大学出版社，

2012.

[14]布尔迪厄、华康德. 反思社会学导引[M]. 李猛、李康译. 北京：商务印书馆，2015.

[15]布尔迪厄. 区分[M]. 刘晖译. 北京：商务印书馆，2015.

[16]布尔迪约、帕斯隆. 继承人：大学生与文化[M]. 邢克超译. 北京：商务印书馆，2002.

[17]蔡小平. "关系网"必须打破[J]. 社会，1986(1).

[18]查尔斯·蒂利. 强制、资本和欧洲国家[M]. 魏洪钟译. 上海：上海人民出版社，2007.

[19]陈独秀. 一九一六年[J]. 青年杂志，1916(1).

[20]陈建中. 也谈关系网[J]. 社会，1985(3).

[21]陈弱水. 中国历史上"公"的观念及其现代变形[G]. 许纪霖编. 公共性与公民观. 南京：江苏人民出版社，2006.

[22]陈旭麓. 近代中国社会的新陈代谢[M]. 上海：上海社会科学院出版社，2005.

[23]程家福. 陶行知创造教育思想及其当代价值[J]. 湖南师范大学教育科学学报，2008(2).

[24]陈燕谷. 文化资本[J]. 读书，1995(6).

[25]戴安娜·克兰. 文化社会学[M]. 王小章、郑震译. 南京：南京大学出版社，2006.

[26]稻毛诅风. 创造教育论(1922年著)[M]. 刘经旺译. 北京：商务印书馆，1926.

[27]狄百瑞. 中国的自由传统[M]. 李弘祺译. 北京：中华书局，2016.

[28]杜赞奇. 从民族国家拯救历史[M]. 王宪明、高继美、李海燕，等译. 南京：江苏人民出版社，2009.

[29]菲利普·佩迪特. 语词的创造——霍布斯论语言、心智与政治[M]. 于明译. 北京：北京大学出版社，2010.

[30]费孝通. 试谈扩展社会学的传统界限[J]. 北京大学学报(哲学社会科

学版)，2003（3）．

［31］费孝通．乡土中国［M］．北京：北京出版社，2004．

［32］费正清、费维恺编．剑桥中华民国史（上卷）［M］．杨品泉等译．北京：中国社会科学出版社，1994．

［33］冯和法．中国农村经济资料续编［M］．上海：黎明书局，1935．

［34］福柯．知识考古学［M］．谢强、马月译．北京：生活·读书·新知三联书店，2003．

［35］福柯．词与物［M］．莫伟民译．上海：上海三联书店，2001．

［36］高瑞泉．论创造之价值［J］．开放时代，1999（1）．

［37］高瑞泉．中国现代精神传统［M］．上海：东方出版中心，1999．

［38］高瑞泉．从历史中发现价值［M］．北京：中国大百科全书出版社，2006．

［39］甘阳、姚中秋等．儒学与社会主义［J］．开放时代，2016（1）．

［40］甘自恒．创造学原理和方法［M］．北京：科学出版社，2003．

［41］沟口雄三．中国儒教的十个方面［J］．于时化译．孔子研究，1991（2）．

［42］郭湛主编．社会公共性研究［M］．北京：人民出版社，2009．

［43］顾洪亮．论胡适的创造观［J］．江淮论坛，2003（3）．

［44］顾红亮、刘晓虹．想象个人：中国个人观的现代转型［M］．上海：上海古籍出版社，2006．

［45］杭苏红．无根之"群"：民国新女性的精神困境［J］．社会学研究，2015（6）．

［46］赫伯特·马尔库塞．单向度的人：发达工业社会意识形态研究［M］．刘继译．上海：上海译文出版社，2006．

［47］何朝银．革命中的差序格局——以土改时期的义序为例［J］．东南学术，2019（1）．

［48］洪应明．菜根谭［M］．呼和浩特：远方出版社，2006．

［49］胡晓风、金成林等编．陶行知教育文集［M］．成都：四川教育出版社，2005．

[50]Indra. Deva. 时间和创造性的社会学展望[J]. 李醒民译. 科学对社会的影响, 1984(2-3).

[51]姜义华. 我国近代型知识分子群体简论[J]. 近代史研究, 1987(1).

[52]杰拉德·德兰地、恩靳·依辛等编. 历史社会学手册[M]. 李霞、李恭忠译. 北京:中国人民大学出版社, 2009.

[53]金观涛. 在历史的表象背后[M]. 成都:四川人民出版社, 1984.

[54]金观涛、刘青峰. 观念史研究:中国现代重要政治术语的形成[M]. 香港:香港中文大学当代中国文化研究中心, 2008.

[55]今井宇三郎. 译注《菜根谭》[M]. 东京:岩波书店, 1975.

[56]金林祥、李庚靖. 20 世纪 90 年代陶行知教育思想研究综述[J]. 教育研究, 2001(6).

[57]晋荣东. 李大钊哲学研究[M]. 上海:华东师范大学出版社, 2000.

[58]金耀基. 五四与中国的近代化[G]. 金耀基. 金耀基自选集. 上海:上海教育出版社, 2002.

[59]近代日本思想史研究会. 近代日本思想史[M]. 李民等译. 北京:商务印书馆, 1922.

[60]卡尔·曼海姆. 保守主义[M]. 李朝晖、牟建君译. 南京:译林出版社, 2002.

[61]卡尔·曼海姆. 文化社会学论集[M]. 艾彦、郑也夫、冯克利译. 沈阳:辽宁教育出版社, 2003.

[62]卡尔·曼海姆. 意识形态与乌托邦[M]. 姚仁权译. 北京:中国社会科学出版社, 2009.

[63]凯瑞·帕罗内. 昆廷·斯金纳思想研究:历史·政治·修辞[M]. 李宏图、胡传胜译. 上海:华东师范大学出版社, 2005.

[64]昆廷·斯金纳. 观念史中的意涵与理解[G]. 丁耘、陈新主编. 思想史研究(第 1 卷). 桂林:广西师范大学出版社, 2005.

[65]昆廷·斯金纳. 现代政治思想的基础(上卷)[M]. 奚瑞森、亚方译. 南京:译林出版社, 2011.

[66]雷蒙·威廉斯. 关键词：文化与社会的词汇[M]. 刘建基译. 北京：
生活·读书·新知三联书店，2005.

[67]雷勇. 国家比喻的意义转换与现代国家形象[J]. 政法论坛，2010(6).

[68]李宏图. 语境·概念·修辞——昆廷·斯金纳与思想史研究[J]. 世界
历史，2005(4).

[69]李景汉. 定县社会概况调查[M]. 北京：中国人民大学出版社，1986.

[70]李树林. 社会关系是怎样被利用的[J]. 社会，1985(4).

[71]李卫东. 幸福哲学研究刍议[J]. 合肥工业大学学报(社会科学版)，
2009(5).

[72]李友梅等. 当代中国社会建设的公共性困境及其超越[J]. 中国社会科
学，2012(4).

[73]李泽厚. 中国现代思想史论[M]. 天津：天津社会科学院出版社，
2003.

[74]列文森. 儒教中国及其现代命运[M]. 郑大华等译. 桂林：广西师范
大学出版社，2009.

[75]林家鹏. 洪应明与《菜根谭》[J]. 中国典籍与文化，1997(1).

[76]林双忠. 对“关系网”的初步剖析[J]. 华中师范大学学报(哲社版)，
1987(4).

[77]林毓生. 中国意识的危机[M]. 穆善培译. 贵阳：贵州人民出版社，
1986.

[78]林毓生. 中国传统的创造性转化[M]. 北京：生活·读书·新知三联
书店，1988.

[79]梁启超. 梁启超全集(全二十一卷)[M]. 北京：北京出版社，1999.

[80]梁漱溟. 梁漱溟全集(卷一)[M]. 济南：山东人民出版社，1989a.

[81]梁漱溟. 梁漱溟全集(卷二)[M]. 济南：山东人民出版社，1989b.

[82]梁漱溟. 梁漱溟全集(卷五)[M]. 济南：山东人民出版社，1989c.

[83]梁漱溟. 朝话：人生的省悟[M]. 北京：世界图书出版公司，2010.

[84]刘长林. 五四后期社会改造思潮研究状况述评[G]. 俞克明编. 现代上

海研究论丛(第3辑).上海:上海书店出版社,2007.

[85]刘桂生、张步洲编著.台港及海外五四研究论著撷要[M].北京:教育科学出版社,1989.

[86]刘禾.跨语际实践:文学、民族文化与被译介的现代性[M].北京:生活·读书·新知三联书店,2022.

[87]刘仲林.论创造与创造观[J].东方论坛,2002(1).

[88]刘易斯·A.柯塞.一九六八年导言[G].弗·兹纳涅茨基.知识人的社会角色[M].郏斌祥译.南京:译林出版社,2000.

[89]刘仲林.中国创造学概论[M].天津:天津人民出版社,2001.

[90]刘仲林.东西方创造教育的特质与会通[J].教育与现代化,2003(69).

[91]罗伯特·K.默顿.社会理论和社会结构[M].唐少杰、齐心译.南京:译林出版社,2006.

[92]罗志田.科举制废除在乡村中的社会后果[J].中国社会科学,2006(1).

[93]罗志田.权势转移:近代中国的思想与社会[M].北京:北京师范大学出版社,2014.

[94]闾小波.政论报刊的崛起与社会改革的突进——对《时务报》的个案研究[J].南京大学学报(哲学·人文·社会科学版),1994(3).

[95]马尔库塞.爱欲与文明[M].黄勇、薛民译.上海:上海译文出版社,1987.

[96]马斯洛.存在心理学探索[M].李文湉译.昆明:云南人民出版社,1987.

[97]马斯洛.自我实现的人[M].许金声、刘锋译.北京:生活·读书·新知三联书店,1987.

[98]马斯洛.动机与人格[M].许金声等译.北京:中国人民大学出版社,2007.

[99]莫斯.社会学与人类学[M].佘碧平译.上海:上海译文出版社,

2014.

[100]欧阳哲生编. 胡适文集(1)[M]. 北京：北京大学出版社，1998.

[101]潘光哲.《时务报》和它的读者[J]. 历史研究，2006(5).

[102]佩里·安德森. 绝对主义国家的系谱[M]. 刘北成、龚晓庄译. 上海：上海人民出版社，2001.

[103]裴宜理. 上海罢工：中国工人政治研究[M]. 刘平译. 南京：江苏人民出版社，2001.

[104]彭运石. 走向生命的巅峰——马斯洛的人本心理学[M]. 武汉：湖北教育出版社，1999.

[105]钱理群. 北京大学教授的不同选择——以鲁迅和胡适为中心[G]. 许纪霖编. 20世纪中国知识分子史论[M]. 北京：新星出版社，2005.

[106]渠敬东. 现代社会中的人性及教育：以涂尔干社会理论为视角[M]. 上海：上海三联书店，2006.

[107]马克斯·舍勒. 知识社会学问题[M]. 艾彦译. 南京：译林出版社，2012.

[108]沈继成. 梁启超与《时务报》[J]. 华中师范大学学报(人文社会科学版)，1998(5).

[109]史蒂文·瓦戈. 社会变迁[M]. 王晓黎译. 北京：北京大学出版社，2007.

[110]孙立平. "关系"、社会关系与社会结构[J]. 社会学研究，1996(5).

[111]孙立平. 利益关系形成与社会结构变迁[J]. 社会，2008(3).

[112]孙隆基. 中国文化的深层结构[M]. 桂林：广西师范大学出版社，2004.

[113]谭安奎. 公共性二十讲[M]. 天津：天津人民出版社，2008.

[114]涂尔干. 人性的两重性及其社会条件[G]. 乱伦禁忌及其起源[M]. 汲喆等译. 上海：上海人民出版社，2006.

[115]王东杰. 校园里的"闺阁"：一位成都女校学生日记中的情感世界(1931—1934)[G]. 姜进、李德英主编. 近代中国城市与大众文

化[M]. 北京：新星出版社，2008.

[116]王汎森. 从新民到新人——近代思想中的"自我"与"政治"[G]. 许纪霖、宋宏编. 现代中国思想的核心观念[M]. 上海：上海人民出版社，2011.

[117]王汎森. 思想是生活的一种方式[M]. 北京：北京大学出版社，2018.

[118]王汎森. 执拗的低音——一些历史思考方式的反思[M]. 北京：生活·读书·新知三联书店，2020.

[119]汪晖. 现代中国思想的兴起(上卷)[M]. 北京：生活·读书·新知三联书店，2004.

[120]王建辉. 知识分子群体与近代报刊[J]. 华中师范大学学报(人文社会科学版)，1999(5).

[121]王建胜. "关系网"正名[J]. 社会，1985(4).

[122]王柯. 从"天下"国家到民族国家：历史中国的认知与实践[M]. 上海：上海人民出版社，2022.

[123]王伦信. 创造教育理论研究回溯[J]. 南京师范大学学报(社会科学版)，2007(4).

[124]王元化. 传统与反传统[M]. 上海：上海文艺出版社，1990.

[125]微拉·施瓦支. 中国的启蒙运动[M]. 李国英译. 太原：山西人民出版社，1989.

[126]闻翔. 梁漱溟与现代中国社会学——以"中国问题"与"人生问题"为线索[J]. 江海学刊，2019(2).

[127]吴红、杜严勇. 创造与创新辨析[J]. 科学管理研究，2007(3).

[128]吴红. 创造学在中国的发展历程及其思考[J]. 学术论坛，2006(2).

[129]武吉庆. 挣脱身心束缚 努力创造价值——20世纪初叶知识分子的价值实现观探析[G]. 郑师渠、史革新、刘勇编. 文化视野下的近代中国[M]. 北京：中国传媒大学出版社，2009.

[130]肖瑛. 从"国家与社会"到"制度与生活"：中国社会变迁研究的视角

转换［J］. 中国社会科学，2014(9).

［131］肖瑛. 从占有性到制度化——个人主义作为现代意识形态的演变［J］. 学术研究，2016(1).

［132］熊易寒. 自负的深刻：社会科学何以洞察人性［J］. 探索与争鸣，2017(5).

［133］许纪霖. 在现代性与民族性之间——现代中国的自由民族主义思想［G］. 杨国荣主编. 思想与文化(第5辑). 上海：华东师范大学出版社，2005.

［134］许纪霖. 大时代中的知识人［M］. 北京：中华书局，2007.

［135］许纪霖. 大我的消解：现代中国个人主义思潮的变迁［G］. 许纪霖、宋宏编. 现代中国思想的核心观念［M］. 上海：上海人民出版社，2011.

［136］徐征、王冬艳. 日本战前的新教育运动与新学校［J］. 黑龙江高教研究，2006(144).

［137］杨美惠. 礼物、关系学与国家——中国人际关系与主体性建构［M］. 南京：江苏人民出版社，2009.

［138］杨念群. 甲午战争前后中国知识群体类型的演变——一个知识社会学的考察［G］. 杨念群编. 甲午百年祭——多元视野下的中日战争［M］. 北京：知识出版社，1995.

［139］杨念群. 五四的另一面：社会观念的形成与新型组织的诞生［M］. 上海：上海人民出版社，2019.

［140］杨善华、孙飞宇. 社会底蕴：田野经验与思考［J］. 社会，2015(1).

［141］杨兴梅. 观念与社会：女子小脚的美丑与近代中国的两个世界［J］. 近代史研究，2000(4).

［142］杨雅彬. 近代中国社会学［M］. 北京：中国社会科学出版社，2001.

［143］应星. 社会学的历史视角与中国式现代化［J］. 中国社会科学，2022(3).

［144］俞吾金. 关于人性问题的新探索——儒家人性理论与基督教人性理论

的比较研究[J]. 复旦学报(社会科学版)，1999(1).

[145]俞文钊、刘建荣. 创新与创造力[M]. 大连：东北财经大学出版社，2008.

[146]余英时. 中国知识分子论[M]. 郑州：河南人民出版社，1997.

[147]余英时. 人文与理性的中国[M]. 程嫩生、罗群译. 上海：上海古籍出版社，2007.

[148]余英时. 中国近代个人观的改变[G]. 许纪霖、宋宏编. 现代中国思想的核心观念[M]. 上海：上海人民出版社，2011.

[149]余子侠、熊贤君、周洪宇. 重在学习研究，贵在实践发展——陶行知研究国际学术研讨会综述[J]. 教育研究，1997(1).

[150]袁洪亮. 中国近代人学思想史[M]. 北京：人民出版社，2016.

[151]翟学伟. 是"关系"，还是社会资本[J]. 社会，2009(1).

[152]翟学伟. 人如何被预设：从关系取向对话西方——重新理解中国人的问题[J]. 探索与争鸣，2017(5).

[153]张德胜. 儒家伦理与秩序情结——中国思想的社会学诠释[M]. 上海：上海人民出版社，2008.

[154]张灏. 幽暗意识与时代探索[M]. 广州：广东人民出版社，2016.

[155]张乐天. "希望的魔力"：中国青年知识分子的自我建构[M]. 探索与争鸣，2017(2).

[156]章太炎. 代议然否论[G]. 汤志钧编. 章太炎政论选集(上)[M]. 北京：中华书局，1977.

[157]张锡琴. 论中国近代的"国民性"改造[G]. 郑师渠等编. 文化视野下的近代中国[M]. 北京：中国传媒大学出版社，2009.

[158]张小飞. 不能混淆"关系网"与"社会关系总和"[J]. 社会，1986(1).

[159]郑大华. 民国乡村建设运动[M]. 北京：社会科学文献出版社，2000.

[160]中国社会科学院语言研究所词典编辑室编. 现代汉语词典[M]. 北京：商务印书馆，1996.

[161]周昌龙. 五四时期知识分子对个人主义的诠释[G]. 许纪霖、宋宏编.

现代中国思想的核心观念[M]. 上海：上海人民出版社，2011.

[162]周飞舟. 行动伦理与"关系社会"——社会学中国化的路径[J]. 社会学研究，2018(1).

[163]周洪宇、余子侠、熊贤君主编. 陶行知与中外文化教育[M]. 北京：人民教育出版社，1999.

[164]周颂伦. 近代日本社会转型期研究[M]. 长春：东北师范大学出版社，1998.

[165]朱力. 中国社会生活中的关系网亚文化[J]. 社会学研究，1993(2).

[166]天野正辉. 大正时期创造教育的特质[J]. 日本滋贺大学教育学部纪要(人文科学、社会科学、教育科学)，1973(23).

[167]浅井幸子. 樱井裕男对自我的寻求及其挫折[J]. 东京大学大学院教育学研究科纪要，1998(38).

[168]稻毛诅风. 生的创造与道德[M]. 东京：大同馆书店，1915.

[169]稻毛诅风. 日本文化的创造与教育[M]. 东京：东洋图书，1930.

[170]门协厚司. 新生活描绘——新价值的探索[J]. 东京：学术出版，1977.

[171]小林澄兄. 近来教育思潮批判[M]. 东京：明治图书，1922.

[172]丸山真男. 个人主义的各种类型——以近代日本为个案[G]. 日本的近代化问题. 东京：岩波书店，1968.

[173]佐藤学. 教育方法学[M]. 东京：岩波书店，1996.

[174]迫由加里、清水宽. 大正新教育中冈山县"劣等儿、低能儿"教育的特征[J]. 特殊教育研究，1989(3).

[175]竹内洋. 出人头地主义增补版：近代日本的浪漫和欲望[M]. 东京：世界思想社，2005.

[176]HAGEN, EVERETT E. On the Theory of Social Change：How Economic Growth Begins[M]. Homewood IL：Dorsey Press，1962.

[177]Lamont, Michele. Money, Morals, and Manners：the Culture of the French and the American Upper-middle Class[M]. Chicago：University of Chicago Press，1992.